JN216197

ほぼユニクロで男のオシャレはうまくいく

# スタメン25着で着まわす 毎日コーディネート塾

ファッションバイヤー・ブロガー
MB著

SHUEISHA

# はじめに

こんにちは。ＭＢです。誰もが最速でオシャレになれるコツを説くブログやメルマガを始めて、すでに４年。この間、さまざまなトレンドが移り変わりましたが、メンズファッションについて、私が提案する基本的な軸に揺るぎはありません。

**●オシャレに必要なのは「センス」ではなく「ロジック」である。**
**●コーディネートにもアイテム選びにも確実に「正解」が存在する。**

そう唱え続けてきた私ですが、最近ではメルマガの読者の方々から、こんな言葉をいただくことが増えてきました。

「もう、そのものズバリ、ここのコレ買ってコレと組み合わせて！みたいに、コーディネートの具体例をたくさん教えてほしい！」

と同時にメルマガで行っている読者のコーディネート診断への応募もどんどん増え、コーディネートの正解をもっともっと具体的に知りたいという声は、日増しに高まっていると感じています。

そこで本書では、ロジックに基づいたファッションの正解を実践できるアイテムとそのコーディネート例を紹介しています。どこでどの服を買ってどう合わせればいいのかもわからない……そんなオシャレ初心者にこそおすすめの、基本アイテムから揃えています。

毎日の服装に自信がもてたら、その先にあるのは、女の子にモテる、どんな場所でも気負わずいられる、友人から羨望の目で見られる……そんなハッピーな出来事が待っています。そして、何より自分自身に圧倒的な自信をもって行動できること、請け合いです。

たかがオシャレ？　いえいえ、オシャレは自信と幸せを呼ぶんです。その計り知れないメリットを、ぜひ味わってみてください！

## Contents

# 2nd Lesson

# 3rd Lesson

# 4 th Lesson

MB's Coordinate School

# before Lesson

男のオシャレに必要なのはセンスでもお金でもなく「ロジック」。
コーディネートの前にこのロジックを支える
「大原則」と３つの「ルール」を知ってください。

---

大原則

## 「ドレス」と「カジュアル」のバランスを考える

洋服には「ドレス」と「カジュアル」の２分類が存在し、
両者のバランスをとってコーディネートすることが、オシャレの秘訣。

Rule 1

## 服は「ボトムス」から揃える

コーディネートは上半身(トップス)と
下半身(ボトムス)に分かれ、
印象を「変える」のがトップス、
印象を「整える」のがボトムスです。

---

Rule

## シルエットは「I」「A」「Y」で整える

身体をきれいに見せる基本シルエットはこの3つ。
シルエットは細いほどドレス寄りになります。

---

Rule

## 色はモノトーン＋1色に抑える

色は数多く使えば使うほど、
カジュアルで子供っぽい印象に。
オシャレ初心者はモノトーンをベースに
色数少ないコーディネートをモットーに。

大原則

# 「ドレス」と「カジュアル」のバランスを考える

メンズファッションでオシャレを構築するうえで最も重要な要素は何でしょう?

それは「**ドレスとカジュアルのバランス**」です。そのバランスをパーセンテージで示すと、**テーラードジャケットとスラックスのスーツスタイルは、100%ドレス。パーカとスウェットパンツといったリラックスウェアは、100%カジュアル。**

100%ドレスだとまるでパーティや会社に行くときのようなスタイルですし、100%カジュアルだと「部屋着」や「パジャマ」のイメージ。どちらも街着としては、成り立ちません。

この両者、すなわちドレスとカジュアルのバランスをとった、中間に位置するのが外出着、いわゆる「街着」なのです。カッチリとしすぎず、それでいてルーズすぎず……両者の最適なバランスを見つけることが、メンズファッションにおけるオシャレを成り立たせる肝です。

そしてその「**最適なバランス**」**とは日本人においては**「**若干ドレス寄り**」**である**、と断言できます。

長身でガッチリした体型の欧米人ならドレスとカジュアルの真ん中を狙ってもサマになりますが、日本人の胴長短足体型、童顔の見た目では、どうしても子供っぽくなりがちです。また、日本に流通している洋服はカジュアルウェアが非常に多い。パーカ、デニム、スウェット、チェックシャツなどのアメリカンカジュアル……いわゆるアメカジが非常に多く流通しています。

反対に、白シャツ、テーラードジャケット、スラックス、革靴など、ヨーロッパ的なドレスライクなアイテムは、通勤や冠婚葬祭以外のシーンではイマイチ浸透していない感があります。それだけに日本では、ドレスライクな着こなしをちょっと取り入れるだけで、「大人っぽい」「オシャレ」という評価を簡単に得ることができます。ただし、街着をすべてドレスアイテムだけでまとめては、「キメすぎ」「カッコつけすぎ」の印象となってしまい、これもまたオシャレとはいえません。

**テーラードジャケット（ドレス）にデニム（カジュアル）を合わせたり。**

**プリントTシャツ（カジュアル）にスラックス（ドレス）を合わせたり。**

こんな風にドレスとカジュアルを程よくミックスしたスタイルをつくることこそ、メンズファッションにおいてはいちばん重要なのです。そしてその割合の**黄金比率は、実年齢より幼く見えがちな日本人なら若干ドレス寄りの「ドレス：カジュアル＝7：3」**であると私は思います。「なんだか複雑で難しそう」と思いますか？　いいえ、実に単純です。

**「ドレスとカジュアルのバランスをとる」**

たったこれだけが軸なのです。既に長い歴史の中で、オシャレは体系化されており、セオリーは確立されています。つまり「簡単にオシャレになる方法」は明確に存在するのです。

簡単に最速でオシャレに見せたければ、若干ドレス寄りに「ドレスとカジュアルのバランス」を考える。まずはこれが大原則です。

## Rule 

# 服は「ボトムス」から揃える

メンズファッションの大原則である「**ドレスとカジュアルのバランスをとる**」ことを実現する際に、守るべきルールが3つあります。まず、

**服は「ボトムス」（下半身）から揃えましょう。**

なぜか？　それはズバリ、印象を「変える」のがトップス（上半身）で、印象を「整える」のがボトムス（下半身）だからです。実は、オシャレをしたい！　と思った人の多くが、トップスから揃え始めます。トップスに目立つデザインや、色柄を取り入れてみたり……上半身を少し変えると、その人の印象は激変するからです。

しかし、**印象を整えるのはボトムスの役割**です。

どんなにカッコいいトップスでも、ボトムスがイマイチであれば、ちっともサマにはなりません。想像してみてください。ルーズなデニムに派手なスニーカーを履いた人が、ドレスシャツやテーラードジャケットを着ていたら？　残念ながらオシャレには見えません。絶対にＮＧとは言いませんが、初心者には難易度の高いコーディネートです。

反対に、ダークトーンの細身シルエットのパンツに同色のシンプルな革靴を履いていれば、カットソーやカジュアルなパーカを合わせるだけでも、意外とサマになるものなのです。

このように印象のベースはボトムスにかかっています。だから、**ボトムスはドレス寄りにするのがオススメ**です。そうすれば、トップスは手持ちのカジュアルなものでも合わせやすく、簡単にカッコよく見えるもの。

お金をかけずに最速でオシャレに見せたければ、まずはボトムスから手をつけるべきなのです。

Rule 2

# シルエットは「I」「A」「Y」で整える

ルールの2つめは**身体のラインをきれいに見せる基本のシルエット**についてです。

胴長短足という体型の宿命を抱える私たち日本人。海外の人のファッションをそのまま真似してもイマイチオシャレに見えない原因のひとつはここにあります。だからこそ、全身のシルエットをきれいに見せるために整えることを意識したいのです。

**Iライン**（**トップスが細く、ボトムスも細い**）
**Aライン**（**トップスが細く、ボトムスが太い**）
**Yライン**（**トップスが太く、ボトムスが細い**）

この3つこそ、オシャレに見えるファッションの基本シルエットです。これらのシルエットを意識するとコーディネートがキマりやすく、かつ体型をきれいに見せてくれます。

「いきなりファッション用語が出てきて難しいよ〜」と思う方。まずは、簡単にできて初心者に**オススメな、「I」ラインから意識してみてください。**

これは上下ともに細めでフィットした洋服を選んでつくるシルエットで、身体に適したスリムなアイテムを選べば、簡単に成立しちゃいます。そして**洋服は、その形が細いものほどドレスに、太いものほどカジュアルな印象になるもの**なので、いちばん手っ取り早く、大人っぽくオシャレに見せられるのが、この「I」ラインのシルエットなのです。

P12の大原則で、「**ドレスとカジュアルのバランス」を考えるとき、日本人はややドレス寄りにするのが正解**、と述べました。ゆるいルーズなアイテムを使うと、シルエットはそのぶんカジュアルにシフトしてしまいます。ですからオシャレに慣れていない人は、まず「I」ラインでドレスライクなシルエットをつくることを意識してみましょう。

# Rule 3 色はモノトーン＋1色に抑える

アイテム、シルエットと続いて、3番目のルールは、**カラーについて**です。

ビジネスや礼服のスーツを頭に思い浮かべてみてください。スーツで使われる色は基本、黒系です。インナーのシャツは白が多く、フォーマルな場面ほどその傾向は強まります。黒、グレー、白といった無彩色こそ、スーツスタイルの基本カラー。デザインや素材の要素も大きいですが、スーツが「ドレスアイテム」である理由のひとつがモノトーン系の配色にあることは間違いありません。つまり、普段の服も、**スーツのようなモノトーンカラーであるほどドレスにシフトしていく**ということです。

反対に、モノトーンから離れるほどに、カジュアル感と子供っぽさは増していきます。直感的にも**「カラフル＝子供っぽい」**という感覚は理解できると思います。

モノトーンはスーツを体現し、大人っぽさを象徴する基本の配色。なので、大原則「ドレス：カジュアル＝7：3」をふまえても、**コーディネートで使う色は、せいぜい「モノトーン＋1色」までに抑えるべき**です。初心者ならば白・黒・グレーの完全なモノトーンコーデから始め、慣れてきたら残りの1色を加えてみるのがいいでしょう。

残りの1色はどんな色でもいいのですが、取り入れ方には注意が必要です。実は**色は「使っている面積と彩度」の割合でも、ドレスかカジュアルかが決まります。**赤や緑などの鮮やかで彩度の高い色はカジュアルな印象が強いので、慣れないうちはバッグやソックスなど小さい面積で取り入れるのが正解。逆にネイビーやボルドーなどのシックな色は、ジャケットやニットなど大きな面積で取り入れても問題ありません。ぜひ覚えておいてください。

## and other...

### 印象を左右する「3首」の存在

「3首」とは「**首・手首・足首**」のこと。**身体の先端にあるため人の視線が集中しやすく、全体の印象を大きく左右する重要ポイント**です。また、この3箇所は身体の中でも細いパーツ。そしてスーツスタイルなどでは隠れている部分ですから、あえて見せることでスキを見せ、「色気」を感じさせる部位でもあります。

また、人間は曲線に「色気」を感じる生き物。身体における大きな曲線……それは「くびれ」ですね。そしてこの3首にはどれもくびれが存在するのです。

試しにトップスの袖を一折り、まくってみましょう。手首の曲線が見えて、色気が生まれませんか？　足首ならば、パンツの裾を少しロールアップして素足を見せるのも同様の効果を発揮します。そして首。Vネックなど程よく胸元のあいたトップスを着れば、鎖骨が見えてセクシーな印象になります。

よって、この**3首に近い洋服の先端部分、「首まわり・袖・裾」もまた必然的に全体の印象を左右する**ポイントということに。これはつまり、先端さえきれいにすれば全体もきれいに見えるということ。裾や袖がシュッと細いボトムスやシャツが、きれいめな印象をつくってくれる所以です。

## Starting Member

# 25

### 基本のスタメン 25 アイテム

1.Black Skinny Denim
2.Plane Toe Shoes
3.Slacks
4.Sweat Pants
5.Canvas Slip-on Shoes
6.White Shirt
7.Tailored Jacket
8.T-shirt
9.High Gauge Knit
10.Heattech Turtle
11.Back Zip Boots
12.Sweat Parka
13.Long Coat
14.Big Cut Sew
15.Indigo Denim Pants
16.Military Jacket
17.Down Vest
18.Short Pants
19.Espadrille
20.Basque Shirt
21.Stole
22.Bracelet
23.Clutch Bag
24.Rucksack
25.Hat

MB's Coordinate School

# 1st Lesson

まず知って、少しずつ揃えてください

# 毎日コーデのスタメン25アイテム

## 着るだけで、即オシャレになれるアイテムは存在する

メンズファッションの毎日コーディネートをつくるうえで、絶対に忘れてはいけない大原則こそ「**ドレスとカジュアルのバランス**」。

洋服のコーディネートは個々のアイテムや色、シルエットを考えて組むのがベストですが、オシャレ初心者にはなかなか難しいもの。でも、そこは複雑に考えなくても、ひとつのアイテムがすでにドレスとカジュアルのミックスになっているというすぐれものもあったりします。

例えば黒のスキニーデニム。これは私が常々、オシャレになるための第一歩、最初のスタメンアイテムとして提案するものです。なぜなら、黒のスキニーデニムは、**アイテム単体にしてドレス×カジュアルが成立している、いわば「ハイブリッドアイテム」**だからです（22ページ）。

なので、黒スキニーにドレス１００％の黒テーラードジャケットを合わせても、カジュアル１００％のグレーのスウェットパーカを合わせても違和感がなく、テ

クニックいらずでオシャレなコーディネートが成立する、というわけです。

この入門編では、そういった誰にでも着こなしやすい基本のハイブリッドアイテムを中心に、どんなにオシャレ初心者でも、どんなにコーディネート力に自信がなくても、どんなに体型コンプレックスがあろうとも、持っていれば間違いのない、**センスもテクニックも必要なく「着るだけで」コーディネートの幅が広がる、厳選の25アイテムを紹介**します。

「25も必要なのか!」と思った方。いきなりすべて揃える必要はありません。まずは白シャツやTシャツに黒スキニーだけでも十分です。手持ちのアイテムも使えるものはどんどん活用しましょう。何度でも言います。

**オシャレに必要なのはセンスでもお金でもありません。**

**オシャレは体系化されており、セオリーは確立されています。**

つまり「オシャレになる方法」は明確に存在するのです。

そう。実はオシャレの世界はとってもロジカル。

それを実現できるアイテムの獲得に、一歩踏み出しましょう。

# ①
# Black Skinny Denim

## 最初の土台となるのが 黒のスキニーデニム

**MBスキニー**

「シンプルかつ美しいシルエット」をベースに、胴長短足の日本人体型にフィットすることを念頭にMB自ら考案したスキニーデニム。膝から裾にかけてはかなり細めに設定しつつ、ウエストまわりにはややゆとりをもたせることで、多少お腹が気になる体型でもスタイリッシュに着こなせる。一般的なスキニーと比べて股上を少し深くしているのではき心地はいっそう楽に、必要に応じて腰ばきしてルーズな印象も演出できる。生地は伸縮性とキックバック性（復元力）に優れ、膝から裾にかけてフィット。スラックスを思わせるようなツヤ感のある漆黒がドレスな雰囲気づくりに一役買っている。（期間限定で販売。詳細はMB公式サイト（207ページ）にて適宜発表）

## これさえあれば、とりあえずオシャレ感は手に入る最強アイテム

毎日のコーディネートを簡単オシャレにステップアップするために、まず買うべきアイテムは？　それはルール1（14ページ）でお話しした通り、何よりボトムスです。ボトムスが完成されていないと、全体がサマにならないからです。多くの人は、パッと見で印象の変わるトップスから手を出しがちですが、洋服は全身で着るものです。だからまずは、全身コーデの土台となるボトムスとして、使える1本を手に入れてください。

その最初に選ぶべき1本こそ、**黒のスキニーデニムです。**理由はこの3つ。

**1　「細身の黒」といった、デニムながらスラックスに近いドレスな印象**

**2　胴長短足の日本人体型をカバーできる**

**3　トレンドやスタイルを問わない**

「大人っぽい」というのはメンズのオシャレにおいて不変ともいえる重要キーワードです。これまでにも話してきましたが、日本人の男性はカジュアル（＝子供っぽい）に流れてしまいがち。それでは親しみ感はあってもオシャレ感は生まれません。女性からも「いい人」で終わり。モテるのはやっぱり「大人っぽい」男です。

**男性は「大人っぽい」**——これこそが、オシャレに見せる重要キーワードです。特に日本人は童顔ですから、強く意識すべきでしょう。手っ取り早くオシャレになりたいなら、何はともあれ、まずは黒のスキニーデニムを手に入れて、最大限活用してください。

さらに2つめの理由にもからむのですが、悲しいかな、**日本人は胴長短足が多い**。だからシルエットがゆるいパンツをはくと極端に脚が短く見えてしまうのです。「それでも俺はゆるいパンツが好きだから！」という人もいるでしょう。もちろんそれでも構いません。私もゆるいパンツ好きです。いっぱい持ってます。

でも、少なくとも、自分は「**オシャレ初心者**」**という自覚のある人は、まずは細いパンツをおさえておきましょう。**細ければ縦のラインが際立ち、すらりと脚を長く感じさせるもの。ワイドなどの太いシルエットは横のラインが強調され、つぶれたような短い印象を与えるもの。**胴長短足に悩む日本人ならば、まずは黒の細身パンツ、が正解**です。

そして3つめ。これがオススメする最大の理由です。黒のスキニーデニムはどんなアイテムと合わせても簡単にスタイルがキマるのです。ここでは白シャツ、パーカ、白Tシャツ、という、大変シンプルな3種類のトップスとのコーデを紹介してい

100%カジュアルなパーカも子供っぽく見えないのは黒スキニーのドレス効果。足元はカジュアルなスニーカーではなく革靴にして、よりドレス感をUP。**パーカ／ユニクロ　パンツ／MBスキニー　靴／ハルタ**

男のコーデの基本といっても過言ではない白シャツ×黒スキニー。足元は、素材はコットンでフォルムは革靴ライクなハイブリッド靴、エスパで。**シャツ／ユニクロ　パンツ／MBスキニー　エスパドリーユ／GU**

ます。こんな単純なワンツーコーデでもサマになるのが、黒スキニーがマストバイアイテムたる所以。**どのスタイル、トレンドにおいても役に立つアイテムなんです。**おさえない理由はありません。そもそも黒スキニーは、

**シルエットは細身で「ドレス」。**

**色は黒で「ドレス」。**

**素材はデニムで「カジュアル」。**

と、アイテム単体でドレスとカジュアルのバランスが、13ページでお話しした7：3という理想の黄金比率で成立しているハイブリッドアイテム。だからシャツのようなドレスアイテムにも、パーカやTシャツのようなカジュアルアイテムにも、すんなりとなじむわけです。

シンプルな白Tと。露出した腕がさびしくないよう腕時計やブレスで味つけを。足首の細さが際立つようパンツの丈はくるぶしが見えるくらいに。**Tシャツ／ヘインズ　パンツ／MBスキニー　靴／ハルタ**

**「下半身が太いからスキニーデニムが似合わない」**という悩みもよく聞きます。確かにムチムチの下半身シルエットはあまりカッコいいものではありません。そんな悩みのある人はウエストサイズが少しゆるめのものを試してみてください。

**この「MBスキニー」は日本人男性のために特化したスキニー**なので、そのあたりの条件もクリアしています。他にも**簡単に入手できる優秀スキニーとして、ユニクロの「スキニーフィットテーパードジーンズ」**もオススメできます。このスキニーもテーパード（膝から裾に向けて細くなる）されたかなりの美脚シルエット。各パーツもシンプルで安っぽさがありません。これで2990円。文句ないでしょう。「ウエストに合わせると裾も太くなって細身に感じない」という人がいたら、裾幅を洋服のお直し屋さんで直してもらうのも手。工賃は千円台くらいでキュッと裾だけ細くできますから、ももが太いスポーツ体型などの人はぜひこの方法をとってみてください。

毎日コーデの改革のために、何よりもまず試してもらいたい1本。

喰わず嫌いの前にぜひ！

# Plane Toe Shoes

# メンズたるもの、革靴がなくてどうする?

**パドローネ　ダービープレーントゥシューズ**

海外ブランドからの発注も多く、世界的にも支持されているファクトリーブランド、パドローネの定番プレーントゥシューズ。ドレスシューズのごとくツヤ感が強く、細身のデザインでありながら、ワークシューズのような少し丸みのあるトゥが特徴。ドレスライクだけど程よくカジュアルな印象も併せ持つという、これまたハイブリッドでベストバランスな革靴。装飾のないプレーントゥならではのデザインのシンプルさで、過剰に足元が目立つこともない。主役にはならないけど「最強の脇役」でいてくれる一足。3万円台前半の価格で、靴底までレザーソールというのもありがたい。履き心地は非常に軽く、クッション性も高い仕上がり。

## シンプルな革靴にこそ投資してください

ビジネスシューズ以外の革靴、持ってますか？

「いや、値段がやっぱり高いし」「なんか、オッサンぽくない？」……。

確かに他のアイテムに比べると値が張ります。でも格安のファストファッションブランドのものを多くすすめている私も、革靴だけはなるべくいいものを選んでいただきたいと思っています。**ここだけはお金のかけどころ、と革靴をぜひ1足、スタメンアイテムに加えてください。**足元をドレスアイテムの筆頭である革靴にするだけで、全身コーデが驚くほどオシャレに大人っぽくなるんです。

「学生でお金がない」というような方の気持ちもよくわかりますので、それならば革靴ライクなスリッポン（44ページ）などもオススメですが、革靴は頑張って購入して損はないアイテムですよ。

とはいえ、革靴ならなんでもいいというわけではありません。とにかく「**存在感を感じさせないシンプルなもの**」を選ぶべきです。視線を下手に足元に集めると日本人の宿命、胴長短足が際立ってしまい、体型がきれいに見えません。色は黒、シルエットは細身、デザインは装飾の一切ないプレーントゥ。そんな革靴がベストです。例えば黒スキニーと合わせたとき。パンツと靴の境界線がごまかされ、見た目にスラリと脚長シルエットが簡単につくれてしまいます。トップスがちょっと適当でも全身が上品にまとまりサマになる。それこそ**革靴のドレス効果**なんです。

もちろん革靴はそれなりの値段はするもの。でも手入れをすれば長く愛用できるアイテムでもあります。靴底を張り替えたり、傷や汚れは専用クリーナーを使えば、10年選手になることも珍しくはありません。そんなマストバイな革靴の中でも、**私が真っ先にオススメするブランドが「パドローネ」**。品質にうるさい靴マニアもうなるクオリティを持ちながら、主流はアラウンド3万円。でも見た目は

全身カジュアルでも、視線が集まる頭と足先にハットと革靴を合わせればドレス感が。**ハット／レイジブルー　アウター／ECWCS　デニム／ラウンジリザード　クラッチ／カルヴェン　靴／パドローネ**

5万、って言ったってばれないレベル。

実はこのブランド、**国内発のファクトリーブランド**なんです。**ファクトリーブランドとは、高級ブランドのいわば「下請け」ブランド**。だからファクトリーブランドがオリジナルで出すものは「高級ブランドのネームタグはないもののコスパに優れた良品」となるわけです。もちろんその分、デザイナーの手が入っていないわけですからシンプルにならざるを得ませんが、ベーシックアイテムを揃えるなら、このうえなく便利な存在でしょう。クオリティはハイブランドなみなのに値段はお手ごろ、というありがたさです。

このように**革靴は、デニムなどのカジュアルボトムスも大人っぽく見せる立役者**。カジュアルなブルゾンとデニムに、革靴を合わせるだけで、ドレスライクな雰囲気はたやすく生まれます。なので、ここはちょっと投資してほしいアイテムです。

黒スキニーとの相性は抜群のプレーントゥ。秋冬はボーダーなどの柄ソックスを差してもオシャレに見える。**パンツ／MBスキニー　靴／パドローネ**

## Slacks

# 普段にはいてください、スラックス

**ユニクロ　イージースマートスタイルパンツ（ウールライク）**

膝から裾にかけてギュッと絞られたテーパードシルエットがきれいなイージースラックス。ウエストはゴム仕様になっているため、多少お腹まわりが気になる人でも、ラクにはけるのがうれしい。ウエスト内側に紐があるので、ベルトはしてもしなくてもOK。素材はコットンとポリエステルの混紡でありながら、適度な厚みと光沢が上品で「ウールライク」の名に恥じないクオリティを持っている。シワもつきにくく、学生服などにありがちなお尻部分のイヤなテカリといったダメージも出にくいのもポイント。カジュアルアイテムをドレスにシフトさせるボトムスとして最大限に活躍させるなら、色は黒を選ぶのが正解。

# いともたやすくコーディネートを格上げするのがスラックス

毎日のコーディネートのベースとなるボトムス。スキニーデニムをマスターした方に、次にオススメしたいのはスラックスです。こちらは**スキニーよりもぐっとドレス寄り、ドレス100%のパンツ**です。これまではいつものインディゴデニムをはいていたコーデをスラックスに変えるだけで、圧倒的にオシャレ感が増すこと請け合いです。ただし、このスラックスというアイテム、サイズやシルエットに気をつけて選ばないと、ビジネススーツのパンツを休日にもはいているオッサン風になってしまう危険も。そこで、**ユニクロの「イージースマートスタイルパンツ（ウールライク）」**の登場です。実は、手にとって試着したときに思いました。「こんなの出されたら、日本のファッションブランドが終わっちゃう」と。他のブランドが、太刀打ちできないかも、と不安になるくらいの素晴らしいクオリティ。

**基本的にスラックスは価格が高いものです。**たいていのブランドを見ても、デニムやチノパンツなどに比べてワンランク高めのプライス。その理由はいくつかありますが、いちばんは「たくさん売れない」から。薄利多売とならないスラックスは、たくさん売れるデニムやチノに比べて1点あたりの製造コストが高くなるわけです。最近はそれでもセレクトショップなどで手頃なスラックスが出てくるようになりましたが……さすがに2千円台でこのクオリティは見たことがありません。

さて、このユニクロのスラックスですが、まずファストファッションのアイテムとは思えないほどにシルエットが美しい。**パンツのシルエットの肝は「裾」**です。先端部分である「裾」は視線がとまりやすく目立つ箇所。ウエストがゆるくても、もも幅が太くても、裾さえ細ければキュッときれいなシルエットになるものなのです。実際「スキニー」「ストレート」「ブーツカット」など、パンツのシルエットは「膝から裾にかけて」で名前が変わります。裾の印象はシルエットを見るうえで重視しなければならない最重要ポイントです。ですが、万人に向けて作るファストファッションブランドだと、どうしても裾幅を広く作りがち。ブランド品のようにここまで細くスッキリとさせているのは珍しいのです。そしてこのパンツ、ウエストは逆にゆったりと作られています。私のように最近お腹まわりが気になる中年体型の方でも問題なく着用できます。

「ウエストが太いとルーズになるんじゃゃ……？」と思う人もいるでしょうが、そこで前述の「裾」の力です。**裾が細いだけでシルエットはきれいに見えるもので、ウエストがゆるくてもさほど関係ない**のです。ぜひこの「裾の力」、こうしたパンツで確かめてみてください。

ちなみにサイズ選びには要注

ハードルが高そうに感じる「普段着スーツ」ですが、実は初心者にこそオススメ。なにせ揃えてしまえばあとはインナーと靴を合わせるだけでOK。**ジャケット・Tシャツ・パンツ・スリッポン／ユニクロ**

デートのときは少しドレス寄りにニット×スラックス。ただしあまりにもキメすぎになると「仕事帰り？」のような印象なので、足元にはあえてスリッポンを。**ニット・パンツ・スリッポン／ユニクロ**

意。175cm65kg、普通体型の私は普段の適合サイズがMですが、こちらはSサイズでちょうどぴったりです。初心者が手にすべき最初の1本として万人向けのスキニーをオススメしましたが、スラックスも普段使いしやすい非常に便利なアイテムなので、まだお持ちでない方はぜひ試してください。

日本人はとかくカジュアルなアイテムを集めがちです。パーカにスウェットにプリントTシャツにミリタリーブルゾンにデニムにチノにスニーカー。アメカジの影響を色濃く受けており、どうにもカジュアル100%になりがち。といって、本書を読んで「ドレスとカジュアルのバランス……じゃあ持っていた服を入れ替えなきゃ!」と焦る必要はありません。ひとまずスラッ

カジュアルシャツにこそ合わせたいスラックス。パーカやTシャツなど手持ちのトップスに、デニムやチノではなくスラックスを合わせるだけでもバランスよく。**シャツ・パンツ/ユニクロ　靴/ハルタ**

クスを購入すれば、初心者でも失敗なく「ドレスとカジュアルのバランス」のとれたスタイルをつくることが可能です。これ、ぜひ試してみてほしいのですが、**ドレス100%のスラックスをボトムスに持ってくれば、手持ちのカジュアルトップスを合わせても簡単にバランスがとれ、コーディネートがキマるんです。**オシャレには何より「バランス」が重要。ですから「手持ちの服を入れ替える」必要は必ずしもなく、「組み合わせを変える」ことで問題は解決されるのです。

特に夏場は、Tシャツ×デニムのスタイルが街にあふれます。少しオシャレに関心のある人ならカットソー&スキニーのシンプルコーデもすることでしょう。もちろんこれもバランスのとれた正解コーデなのですが、誰にでも似合う簡単なスタイルゆえ、「他の人とかぶる」危険も。こんなときこそ、スラックスです。夏場はスラックスをはく人が少ないので、確実に周囲と差がつきます。

さらにスラックスは、ストンと落ちる素材感ゆえ、クッション（裾のもたつき）が出にくいのもうれしいポイント。**膝ヌケや裾にクッションができやすいデニムやチノに比べ、圧倒的に脚が細く長く見えます。**利用しない手はありません。

## Sweat Pants

# この素材とシルエット、

**ナイキ　テックフリースジョガーパンツ**

ナイキが独自に開発した「テックフリース」素材のパンツ。スウェットのように見えつつも、従来のスウェット素材よりハリとツヤ、肉感もある新感覚の素材感がドレスライクな印象をつくり出している。膝下からのタイトなテーパードシルエットも特徴で、これだけ細身でありながら非常に伸縮性が高いため、はき心地は抜群。耐久性にも優れている素材なので、はいていて膝ヌケすることも少なく、何度洗濯してもヘタることなし。ひっかけやほつれもできにくい。値段は１万円強と少し高めながら、その価値は十分にある１本。細身シルエットを際立たせるためにもオススメは黒。「細身パンツになかなか手が出せない」という中年男子の強い味方ともいえるボトムス。

## ドレスなスポーツアイテム、スウェットパンツ

さて、男のオシャレの土台となる下半身。**3本めのメインボトムスとして揃えたいのがスウェットパンツ**です。レディースアイテムとして大流行した後、メンズにも飛び火して今ではすっかり定番アイテムの仲間入りを果たしています。ですが、もちろん「流行」という意味だけでなく、スキニーデニムやスラックスの〝次のオシャレステップ〟としても抜群にオススメできるアイテムです。

ええ？　そんなにカジュアルなボトムスを大人がはいても大丈夫なの？　と疑問に思う人もいるでしょう。ではここで今一度「ドレスとカジュアルのバランス」の話を思い出してください。**スウェットパンツは本来、トレーニングウェア**。その歴史は定かではありませんが、スポーツウェアブランドの老舗、チャンピオンがウォーミングアップスーツとしてその原型を開発したのが先駆けのようです。ゆったりとしたはき心地と軽快な素材感。どんなにカッチリとしたドレス感たっぷりのテーラードジャケットでも、スウェットパンツを下に合わせればカジュアルな印象にな

ります。**つまり、「ドレスとカジュアルのバランス」の「カジュアル寄りにバランスをとるときのアイテム」として活用できる**わけです。

「それなら別にデニムでもいいじゃないか」と思うでしょう。しかしスウェットパンツにはデニムにはない魅力があるのです。

まずは「**素材**」。ここでひとつ覚えてほしいことがあります。「**表情がある素材」=「カジュアル」だということ**です。素材に表情がある、つまりデニム生地のように凹凸があったり、陰影があったり、柄があるものは、無地ののっぺりした素材よりもカジュアルな印象になるのです。となるとスウェット素材は？　実はスウェットによく使われる高密度のコットンや化学繊維を織り込んだ素材って、のっぺりとした光沢のある「ドレス感のある」素材なのです。特に近年出まわっているスウェットの多くは、こういった「ドレス感のある」のっぺりとした風合いの素材であることが多いです。つまり**スウェットパンツはカジュアル100%のアイテムではなく、カジュアル寄りのハイブリッドアイテム**なのです。なので、トップスにカジュアルアイテムでもドレスアイテムでも持ってくることができ、スキニーデニム同様にコーディネートにおいて大変重宝するわけです。

もうひとつの魅力は「**シルエット**」。スウェットパンツは基本、裾がリブになっているため、裾のもたつき（クッション）ができません。クッションがあるとないとでは、どちらが脚が細く長くきれいに見えるかは一目瞭然。いかに太ももやふくらはぎが細くてフィットしていようとも、裾にダルダルとクッションがあると、全体の印象も「ルーズ」に見えてしまうのです。このように**ボトムスにおいて「足首」の印象はとても重要。**例えばルーズなボトムスであっても、足首さえやや細くなっていればスッキリと大人っぽいシルエットがつくれますし、逆に細身パンツであっても裾にクッションがあるとどこかずんぐり見えてしま

上下ともにカジュアルアイテム同士なので、ツヤのある革靴でドレス感を。さらにモノトーンで統一することで大人っぽく。**ボーダーT／メゾンキツネ　パンツ／ナイキ　靴／ハルタ　メガネ／ユニクロ**

うというわけです。スウェットパンツの多くは裾がテーパードしているうえに、リブがついて足首にフィットさせているものが多く、裾にシワやクッションができにくいのです。そのため大人っぽくスッキリとした下半身をつくれるのです。また、スウェット素材のパンツはお手入れもラクチン。洗濯機でザブザブ洗えてシワになりにくい。毎日はけるパンツとして人気が出るのもうなずけます。

それだけ優秀なスウェットパ

カジュアルなミリタリーコートにスウェットパンツ。でも、革靴と上下黒のドレスライクな配色にしたことでバランスキープ。**アウター／ECWCS パンツ／ナイキ　靴／パドローネ　バッグ／マルニ×ポーター**

シンプル発想で、カッチリとしたチェスターコートをパンツやインナーのボーダーTでカジュアルダウン。**コート／アダム エ ロペ　ボーダーT／ユニクロ　パンツ／ナイキ　スニーカー／Amb　スヌード／ZARA**

ンツの中でも、**特にオススメしたいのがテックフリース素材のスウェット**です。テックフリースは不思議な素材で、フリースという名前ながら、どちらかというと本来のスウェットに近い触感。でも普通のスウェットほど柔らかな風合いではなく、芯があるような硬い素材。それゆえに体型にいい意味でフィットしすぎることがないのです。ほどよく体型カバーしてくれて、美シルエットをつくってくれます。私のコーデ写真を見てもわかるように、体によるシワ感もほとんど見られません。美脚効果は言わずもがな。ただし、若干肉感のある素材なので、夏場は、**ユニクロのレディースのミラノリブのパンツ**（56ページ・右着用）でもいいと思います。こちらも裾がキュッとしまったシルエットがきれいな使える1本。メンズライクな細身のラインが下半身をスッキリ見せてくれます。

スウェットパンツこそ、若者ではなく30〜40代の大人の男性に着こなしてほしいアイテムです。シャツやコートのようなドレスアイテムと合わせれば、こなれたオシャレ感がとても簡単に手に入りますし、気になる体型もカバーしてくれるなんて言うことないです。ぜひ、先入観を取り払ってチャレンジしてみましょう。

# Canvas Slip-on Shoes

## いわゆる、いいとこどり。

## 革靴ライクなスニーカー

**ユニクロ　ルメール　キャンバススリッポン**

世界的デザイナー、クリストフ・ルメールとユニクロのコラボラインよりリリースされたキャンバス素材のスリッポン型スニーカー。非常に細いフォルムと薄いソールがもたらす美シルエットが、従来のスニーカーとは一線を画す秀逸なシューズ。クッション性の高いウレタンのインソールが装備され、ソールが薄めのスニーカーによくある、足が疲れやすい、履いているとつちふまずが痛くなる、といった現象も起こりにくいのもうれしい特徴。目の詰まったコットンのオックスフォード素材は、スリッポンにありがちな子供っぽさ、カジュアル感も払拭。サイドには通気用のホールをプラスし、ムレにくく快適な履き心地にもこだわっている。

## オシャレ感と脚長効果をWでもたらすハイブリッドシューズ

これだけは本当に大事なので繰り返しになりますが、大人の男のオシャレにおいて、**カジュアルになりすぎないことはものすごく大切なチェックポイント**です。それをふまえて、革靴の次にぜひ手に入れてほしい2足目のシューズが、こんな細身のシンプルなスニーカー。

スニーカーやスリッポンと聞くと、多くの人はぼってりとボリューム感のあるシューズを連想するでしょうが、この靴はまったく違う。普通のシューズブランドのスリッポンよりもずっと細くて無駄がないフォルムです。細いと何がいいのか？ルール2（15ページ）を思い出してみてください。「シルエットは細いほどドレス寄りになる」という話。また「デザインはシンプルであるほどドレスライクである」ことを。このスニーカーはまさにそのあたりをふまえたアイテムと言えるでしょう。デザインは極めてシンプル。遠目には革靴かスニーカーか見分けがつかないほどです。また、フォルム自体が細いうえに、甲部分も低く、靴底も一般のスニー

パンツはスラックス、靴はこの革靴ライクなスニーカー。このように下半身をドレスライクに整えたら、あとはベーシックなボーダーTシャツでもキマってしまうもの。**ボーダーT・パンツ・靴／ユニクロ**

カーのようなボリュームがない。

こういった革靴ライクなスニーカーはこれだけでバランスがとれているので「**なんとなくコーディネートしてもそれなりにサマになる**」わけです。スニーカーというカジュアルカテゴリーに属すアイテムではありながら、革靴仕様でドレスライク。これからスニーカーを買うならば、ぜひ派手でボリュームのあるスニーカー然としたものではなく、こういったタイプを選んでみてください。それと補足ですが、実はスニーカーは、そのボリューム感と目立つデザインゆえに足元に過剰に注目を集めてしまうアイテムでもあるのです。足元が目立つと、脚と靴の境目が強調され、「脚の短さ」が際立ってしまいます。胴長短足を宿命に持つ私たち日本人にとっては、派手でボリュームのあるスニーカーは実は「オシャレに見せるのがかなり難しい」アイテムなのですね。日本人が体型をきれいに見せたいのであれば、**極力、革靴のようにシンプルなスニーカーがいい**のです。

また、最初に選ぶべき色は断然、黒です。もちろん白も魅力的なので、私は両方持っていますが、このシューズの武器である「革靴らしさ」は黒のほうが当然強まるからです。

それと**コーディネートは足元にいくにつれて濃い色にしたほうがまとまって見えるもの。**なぜなら地球には重力があり、人は重いものが下にいき、軽いものが上にいくという自然の摂理に慣れています。そして色は濃いほど重く、薄いほど軽い印象に感じますよね。だから下にいくほど濃い色にしたほうがより自然に見えるのです。だから、**ボトムスと靴を同じダークトーンでまとめるのがいちばん簡単に下半身を「スタイルよくオシャレに」見せる方法。**まだコーディネートに自信がないうちは「上から下にいくにつれ濃い色になる」ようにすると失敗がありません。

あえて柄ソックスやデニムで遊んでも「カジュアルになりすぎる」ことなくシックにまとまるのが、このハイブリッドなスリッポンを履くメリット。**デニム／ラウンジリザード　靴・ソックス／ユニクロ**

# White Shirt

# ドレスもカジュアルも すべてつないでしまう万能選手

**無印良品　オーガニックコットン　洗いざらしブロードシャツ**

綿本来のナチュラルな風合いを出すために洗いざらしで仕上げた、柔らかな肌感のシャツ。ごく自然な洗いあがり感と肌触りの良さが特長で、着心地は抜群。一見ベーシックでありながら、質の高いツヤのある綿素材と、デザインに秘められたほどよいリラックス感、絶妙な着丈、小さめの襟、太すぎず細すぎずのアームホール……随所にデザイナーのこだわりが感じられる１枚。何回か着用・洗濯後も毛羽立ちにくい高品質な綿ブロードは、ノーアイロンでもプレスしてもサマになる素材感をキープ。2980円（税込）という価格が信じられないほどの完成度で、１枚持っていて絶対にソンのないシャツ。

## アパレル業界でもファンが多い伝説的なシャツ

**白のシャツはメンズファッションの定番にして超万能選手。**

私が「万能である」と断言する理由は、3つほどあります。

**1「バランス論」から見て万能**
**2「体型隠し」から見て万能**
**3「女子モテ」から見て万能**

普段カジュアルな服装をしていることが多い人ほど、ドレスアイテムを投入するだけで簡単にオシャレが実現する……これまでに散々言ってきた「ドレスとカジュアルのバランス」のセオリーです。で、その**ドレスアイテムの筆頭が白シャツ**。実は普段着として毎日のように使えるドレスアイテムはそんなに多くありません。テーラードジャケット、シャツ、スラックス、革靴……。そんなドレスアイテムの中でも、白シャツは抵抗なく普段着に取り入れやすいアイテムのひとつ。**オシャレ初**

**心者から上級者にまで役立つ、最強のドレスアイテム**です。

例えばTシャツ×デニムにスニーカーといったカジュアルスタイルもトップスを白シャツに変えるだけで、ドレスとカジュアルのバランスがとれてしまうもの。シンプルゆえにコーディネートのテクニックもなんら必要としません。

第2の万能ポイントの理由としては、**シャツはTシャツやカットソーなどに比べて着丈が少し長めのものが多い**ということです。トップスの着丈で腰まわりを隠せると、脚がどこから始まっているか分かりにくくなるため、脚長に感じさせることができます。服を選ぶとき、着丈にはあまりこだわらない人が多いですが、これはもったいない。ショップ店員の着こなしがオシャレに見える理由の一つに「着丈にもこだわっていること」があげられます。彼らは着丈を長めにすることのメリットを知っているんです。なので、オシャレ初心者でも**シャツを使えば簡単に脚長の着こなしが可能です。**カジュアル用で売っているシャツはTシャツよりわずかに着丈が長いものが多く、**裾が「ラウンドカット」**と言って、前と後ろだけが長く、両横はTシャツなどと同じような短い着丈になっているものがほとんどで

デートにはこんな清潔感のある大人スタイルで。ドレスライクなシャツとスラックス。キメすぎにならないようにリュックでバランスを。**シャツ・リュック／無印良品　パンツ／ユニクロ　エスパドリーユ／GU**

ショーツとシャツは好相性。カジュアルなショーツにドレスなシャツでバランスをとる効果はもちろん、シャツの着丈が短足見えをカバーする。**シャツ／無印良品　ショーツ／ユニクロ　エスパドリーユ／GU**

す。着丈が長く腰位置を隠せるけれど、ラウンドカットでサイドは短いため、裾を出して着てもだらしなく見えない。これこそシャツの体型隠しのなせる技、と言えるでしょう。

そしてもっとも意外かもしれない**第3の万能ポイントが「女子モテ」**です。

**女子が男性に求める理想は「大人っぽさ」と「清潔感」**。人類の歴史を振り返っても、本能的に見ても、女性が男性に頼りがいのある相手を求めるのは、正しい欲求といえるでしょう。それは「女性を守れる余裕がある男性」のことで、それを服装において端的に表すとすれば「大人っぽさ」となるわけです。その「大人っぽさ」に並んで重要なのが「清潔感」。ただし、これは「**清潔感のある男性がモテる**」**のではなく**「**不潔な男性が嫌われる**」というものです。女性は基本的に「受け手側」（特にセックスにおいて）であるがために、本能的に「不潔なものを排除しよう」とする意識が強いのです。爪が伸びている、無精髭が生えている、Tシャツの首元が伸びている……なんて清潔感のない格好はNGです。

そこで白シャツです。白シャツは大人っぽさをもっとも端的に象徴する服装「スーツ」の一部。Tシャツやカットソーよりも極めて大人っぽい印象を持っています。また、この世界にある色の中で「白」はもっともく

ニットとシャツでドレス、デニムでカジュアル。ドレスとカジュアルのバランスの典型例。**シャツ／無印良品　ニット／ユニクロ　デニム／ラウンジリザード　腕時計／アノーニモ　ブレス／MBレザーブレス**

すみがなく清らかな色。**女子ウケの要素、「大人っぽさ」と「清潔感」を象徴するのが白シャツ**なんです。

オシャレになりたいと思う人。モテたいと思う人は、「まず選ぶべきトップスは白シャツ」と覚えてください。**文句なしにオススメなのは無印良品定番の「洗いざらしブロードシャツ」**です。実はこのシャツ、「とある世界的デザイナー」がデザインしたとされる名品。無印良品には名前こそ出さないものの、実は超有名デザイナーがデザインしたといわれる名品が数多くあるのです。このシャツはアパレル関係者にもファンが多数おり、リーズナブルながら伝説的な1枚です。

サイズですが、普段着ているシャツのサイズでもよいのですが、ショートパンツにも合わせることを考えると少し着丈が短い。ショーツは他パンツよりも脚が短く見えるので腰まわりを隠す着丈は必須です。そうしたコーデのためにも、このシャツは1サイズ上げて腰まわりを隠すくらいのバランスにするのがオススメです。できればお店で試着して、サイズ感を確かめてから買いましょう。

## Tailored Jacket

# 毎日、テーラードジャケット着たって、いいんです

### ユニクロ　セミオーダー感覚で選べるストレッチウールジャケット

ユニクロが始めたメンズジャケットのセミオーダーサービス。最初にスリムタイプとレギュラータイプの２タイプからフォーマットを選び、着丈と身幅のパターンがそれぞれ32通り、全64通りの予め用意されているサイズの中から選択してオーダーする。最後に、袖丈だけは１cm単位でオーダー可能。オーダーからわずか７日間で配送可能という驚異的なスピードで完成する。感覚としては「サイズ展開が強烈に広い既製服」といってもよいかもしれない。生地は「super110's」のウールを98%使用。この「110」という数字は「糸の細さ」を表す単位であり、この数字が大きければ大きいほど糸が細く、生地に光沢が生まれ、高級・繊細な風合いとなる。

## 格安セミオーダーが叶える、優秀テーラードジャケット

カジュアルジャケットではない、シンプルでドレス感のある定番のテーラードジャケット。イメージとしてはビジネスやフォーマルスーツのジャケットのような、シンプルで生地にツヤ感のあるもの。これもぜひ手に入れていただきたいアイテムのひとつです。**ドレスアイテムであるジャケットは、羽織るだけで全体のバランスがとれてオシャレに見せる優秀選手。**テクニックなしでコーディネートがドレス寄りにまとまるので、オシャレ初心者にこそすすめたいアイテムです。

よく、「スーツのジャケットだけ休日に着てもいいですか？」という質問をいただきますが、これは実はＯＫ。ひと昔前は「ビジネススーツのジャケットの単品使い」は邪道とされていましたが、今はほとんどのブランドでスーツのジャケットのみでも使えるとすすめていると思います。ただ、気を付けてほしいのは、スラックスの項でも触れましたが、「洋服の◯◯」のようなオジサン御用達の紳士服量販店のスーツの単品使いには要注意、ということ。量販店系のスーツは、基本どんな

スタイルの人でも着られるゆったりめのデザインと、丈夫な縫製を優先して作られています。そのためシルエットが体にフィットせず、オフの日にジャケット単品で着ると、どこかちぐはぐな印象になってしまいがち。**実はテーラードジャケットは、サイズ感に細心の注意が必要とされるアイテム**なのです。

そもそもジャケットは製造コストが高くつくアイテム。なぜなら、定番のテーラードジャケットは「シワ」がつくと途端に

ボトムスがデニムでもジャケットとならバランスがとれる定番コーデに。インには黒タートルを入れ、さらにドレス寄りに。**ジャケット・カットソー・スリッポン・ソックス／ユニクロ　デニム／ラウンジリザード**

ジャケットにダウンベストを重ねれば冬でも使えるアウターに早変わり。上半身にボリュームが生まれるのでボトムスは極細に。**ジャケット・パーカ・パンツ・スリッポン／ユニクロ　ダウンベスト／SOPHNET**

カッコ悪くなるもの。**ドレススタイルは「ツヤを重んじてシワを嫌う」ものです。**スーツで使うアイテムはすべてツヤ感を重視します。高密度の極細ウールで作る高級スーツは、安い糸では表現できない独特のツヤ感が魅力。ネクタイもシルクでツヤのあるものを、シャツもオックスフォードなどではなくツヤのあるブロード素材を、革靴はピカピカに磨き上げてツヤを出すのが基本です。逆にカジュアルは素材のシワ感を楽しむもの。ヴィンテージデニムはヒゲやアタリといって、シワのつき方を楽しむものだったりします。

以上をふまえ、いいジャケットには「上質な糸ならではのツヤ感、シワの出ないきれいなシルエット」が求められるわけですが…。**シワをなくすためには、人間の体に沿った立体的な形に裁断しなくてはならず、製造コストがかかる**んですね。然して市場では高いジャケットばかりが並ぶことになり、また安いものは体にフィットしないためにシワが出やすく、ドレスな印象が損なわれてしまったりするのです。

そのため、以前から私はテーラードジャケットを買うなら、あまり格安のものはオススメできないとお話ししてきたわけですが、ここにきてリーズナブルながらシルエットも素材も優秀なセミオーダーを見つけました。**業界が激震したユニクロの激安セミオーダージャケット**です。セミオーダーなので体にフィットしたシルエットに仕上げることができ、また百貨店ブランドの高級スーツに使われるツヤのある極細糸を使っているため、素材も優秀。さらに値段も手頃でジャケット単品で1万5千円程度。同素材のスラックスも6千円程度と言うことなし、です。

実はこのユニクロのセミオーダーは厳密に言えばオーダーメイドではありません。一般のオーダースーツのような受注生産方式ではなく、身幅や着丈のバリエーションで64パターンの在庫を揃え、最後に袖丈だけを腕の長さに合わせて調整するというスタイル。そのため、オーダーから最速一週間程度で提供しています。しかしながら、たいていの体型の人にはマッチするほどのサイズバリエーションを揃えていますので、袖丈が合うジャケットでリーズナブルなものがほしいというときにはこちらで十分でしょう。袖丈だけがオーダーなら既製品で十分じゃないか、という声もあるかと思いますが、末端にある袖は他人から見て目立つ部分。身頃はフィットしているのに袖の長さが合わず中途半端だった……こんな経験を私は何度もし

同素材のスラックスと合わせてスーツ風に。ドレス要素が強くなるのでスニーカーとリュックでカジュアル味を。**ジャケット・ニット・パンツ／ユニクロ　スニーカー／アディダス　リュック／無印良品**

ています。**袖の長さが「足りない」とか「長すぎる」というのはオシャレにおいて致命傷**ですので、サイズぴったりの袖丈にしてもらえるのは、非常にうれしいサービスです。

私が実際にジャケットをオーダーしてみてのオススメは、断然細身の「スリムフィット」タイプ。こちらは同素材のスラックス（オーダー製ではありません）もありますので、スーツの上下が揃うからセットアップとして使うもよし、単品使いもよし、と非常に重宝します。ちなみにスラックスも「スリム」と「レギュラー」の二種類があるのですが、いずれも裾幅が少し広めなのがちょっと残念。そうはいっても、セミオーダー式のスーツが2万円程度で揃うのですから、この価格帯では超優秀アイテムであることは間違いありません。

T-shirt

# 大人のオトコは信頼できる無地Tシャツを持っている

**ユニクロ　スーピマコットンフライスクルーネックT**

世界各地でもわずかしか採れない高級綿素材、スーピマコットンを使用したシンプルな無地のＴシャツ。上質コットンならではの、ほんのりとツヤのあるなめらかでやさしい風合いは、着ていて心地いいことこのうえなし。無駄のないシンプルデザインながら、短く細めの袖まわり、少し長めの着丈の絶妙なサイズバランスが、貧弱に見えがちな日本人男性の体型をたくましく見せてくれる。１枚で着ても問題のない秀逸シルエットなので、夏のコーディネートの幅を確実に広げてくれるはず。２枚セットで990円（税抜）という価格も信じられないコスパのよさ。白、黒、グレーといったモノトーンのバリエを揃えておくと、重宝すること間違いなし。

## 1枚で着てもインナーで着ても、重宝・活躍間違いなし

いくらオシャレにこだわる方でも湿度の高い日本の夏に、あれやこれやと重ね着をしたりするのは難しい。そこで、**夏に必要となるのが、1枚で着ても「勝負服」となり得るTシャツ**です。

「Tシャツ」と言うと多くの人が想像するのが「プリントもの」。派手なロゴプリントのTシャツは単体で見るとカッコいいものも多く、選ぶのが楽しくなるものですが、ここに一つ罠がある。**オシャレやコーディネートというのは、あくまでも「全体の印象」によって成り立つもの**です。「Tシャツのプリントがかわいいから」「スニーカーのデザインがカッコいいから」といった「モノ単体」の美しさで成り立つわけでは決してありません。では夏に着用するTシャツは、コーディネート全体で考えるとすると、いったいどんなものが適しているのか。それは「**細身でツヤのある無地Tシャツ**」です。なぜか？　一つ一つ説明していきましょう。

まず夏はどうしたって誰もがカジュアル寄りになるものです。プリントTシャ

ツ以外にもデニムやショートパンツやサンダルなどといった、ラフで気負わないアイテムばかりになるもの。これでは肝心要の「ドレスとカジュアルのバランス」をとるのは難しいものです。夏のスラックスは37ページでもお話しした通り、人と差別化もできてオススメなのですが、「猛暑にやせ我慢してでもスラックスをはけ」というのも無理があるでしょう。

そこでオススメしたいのが「素材」や「シルエット」でドレス感を演出すること。**洋服は、デザイン、シルエット、カラー（素材）の3つの要素で成り立つもの**です。そして、この3つそれぞれにドレス、またはカジュアルの要素があるのです。夏場、暑いからTシャツやショーツに頼らざるを得ない、というのであれば、当然デザインはカジュアルになるでしょう。ならばその分、他の2要素となる素材とシルエットをなるべくドレス寄りにすればいいのです。

よって、同じTシャツであっても、プリントものではなく無地を選ぶのがベターなのです。洋服は色数が多いほどにカジュアルになるもの。だから大人っぽくドレスライクに見せるためには無地を選ぶ。それとシルエット。シルエットは、ルーズだとカジュアルに、タイトだとドレスに感じさせるもの。そこで同じTシャツでも細身を選ぶといいのです。「**無地・細身の半袖Tシャツ」……と考えたときにもっともコスパよくオシャレを実現できるのが、このユニクロのスーピマコットンT**です。高級素材であるスーピマコットンを使用したTシャツは、人気ブランドならば5千円、いや1万円でリリースされてもおかしくないようなアイテム。世界的なファストファ

ジャケットのインナー用としても活用できるのがこのTシャツ。シンプルな無地なので、「ドレスとカジュアルのバランス」を崩さない優秀アイテム。**ジャケット・Tシャツ／ユニクロ　デニム／ラウンジリザード**

白Tシャツ（カジュアル）とスラックス（ドレス）という非常にベーシックな着こなし。手持ちのニットを肩がけすれば地味になりすぎることもなし。**Tシャツ・ニット・パンツ／ユニクロ　エスパドリーユ／GU**

ッションブランドのスケールメリットを生かした生産体制だからこそ、2枚で千円以下という驚異の価格を実現しています。このTシャツの特徴はドレスライクな「ツヤ」感。ジャケットの項でも説明しましたが「ツヤ」は重要なドレス要素の一つです。一般的なガサガサとしたTシャツ素材と異なり、極細繊維を使ったスーピマはツヤ感がたっぷり。細身・無地だけでなく、素材感でもドレスに見せることができるのです。私も何枚購入したかわからないほど愛用している名品です。知人や友人にもオススメしまくっているため、カッコいいカットソーを着ている友人に「それどこの?」と聞いたら「お前がすすめてたユニクロのTシャツだよ」なんて言われたこともありました（笑）。

**このTシャツは普通のものに比べ、着丈が長いのも特筆すべき点。**白シャツの項で述べた

日本人体型で頼りない腕をまるで筋肉があるかのようにたくましく見せてくれるのがこのTシャツの魅力。この値段でこの見た目が実現できるのはすごい……。
**Tシャツ／ユニクロ　デニム／ラウンジリザード**

ように、トップス、特にインナーは着丈が長めのほうが腰位置をあいまいにすることができ、脚長効果が生まれます。着丈が短めのTシャツが多い中、このスーピマTは着用写真でもわかるように、若干着丈が長めでスタイルよく見えるのです。

加えてこのTシャツ、袖が短く細くなっています。袖は太く長いと腕まわりを華奢に見せてしまうものです。これは、90年代に大流行した女子高生のルーズソックスと同じ理屈。ボリュームのあるソックスとの「対比」で自身の脚を細く見せる視覚効果があったから、爆発的に支持されたのです。ここではその逆で、**短くタイトな袖まわりのものを選ぶと、対比効果で腕まわりがたくましい外国人のように見えるのです。**Tシャツスタイルは、体型にコンプレックスのある日本人にとって「いかに体つきをごまかすか」も重要なポイント。このTシャツなら、貧弱な腕まわりもカバーできるというわけ。あらゆる面からオススメできる、このユニクロ屈指の名品、購入の際には注意点が一つ。ユニクロはスーピマ糸を使ったTシャツを多くリリースしていますから、間違うことのないよう。**私のいちばんのオススメは、通常インナーとして2枚セットで売られている990円の商品**です。

# High Gauge Knit

# ニットのドレス力って侮れない

**ユニクロ　エクストラファインメリノクルーネックセーター**

高級素材とされるメリノウールの中でも特に極細繊維であるエクストラファインメリノウールを使った、高品質のハイゲージニット。ファッションのプロでも高級ニットと見紛うほどのクオリティの高さで、とてもアンダー3000円には見えない逸品。非常に繊細で柔らかな感触と、ほんのりと光沢感のある上品な風合い、抜群の肌触りのよさも大きな魅力。細かな編み地が大変なめらかで毛玉ができにくいのもうれしいポイント。ベーシックなクルーネックは着まわし力、コーディネート力ともに抜群の１枚。黒ボトムに合わせるなら、まずは、グレーやアイボリーを、２枚目以降にはさりげなく差し色となるダークなグリーン、ボルドーもねらい目。

## ファッションのプロも驚くアンダー3千円の高品質ニット

**「ドレスとカジュアルのバランス」における究極の「ドレス」とはいわゆるスーツのこと。**なので、スーツで使うアイテムや要素をいかに普段着に取り入れるかが、「ドレスとカジュアルのバランス」をうまくとる肝とも言えるわけです。カットソーやTシャツなどは、ビジネスやフォーマルで着るスーツには使わないアイテムですから、「カジュアル」に分類されます。反対にスーツに合わせられるシャツは「ドレス」ですが、秋冬ともなると寒くて、シャツ1枚では着なくなるでしょう。**そこで便利なのが「ニット」です。**

とはいえ、ニットと一口に言ってもいろいろあり、すべてがドレスライクというわけではありません。スーツのインナーにも着られるニットは、**高密度のツヤがある「ハイゲージ（細い糸で編まれたもの）ニット」**。同じニットでもアランセーターなど**ざっくりとした「ローゲージ（太い糸で編まれたもの）ニット」**はカジュアルな印象になります。ハイゲージニットならば、いつものインディゴデニムなどに合わせてもカジュアルになりすぎません。下半身がカジュアルであっても、上半身がドレスライクなのでバランスがとりやすいのです。また、ニットはインナーにシャツを入れたりなど、重ね着も可能。69ページのように下にタートルを入れる着こなしは、暖かいうえに首元にポイントもつくれるのでかなりオススメ。このように非常に汎用性が高いハイゲージニットは、秋からぜひ取り入れたいアイテムです。

端的に言うと、**夏の「Tシャツ」「カットソー」と同じように毎日のコーディネートに重宝するものが、秋の「ハイゲージニット」である、**くらいの感覚でいるといいでしょう。

ニットといえば、ひと昔前は高価なものでした。生産に手間と時間がかかるので上質なニットは価格が高く、かといって手頃なものは見た目が安っぽいのが難点。しかし、ユニクロが高級種である「メリノウール」のニットを2〜3千円台で出したり、ユニクロをはじめ、多くのブランドがカシミヤニットを1万円以下で出したり、と近年はかなり**買いやすい価格帯の上質ニットが定着**してきました。

特に**ユニクロのメリノウールニットの出来は秀逸**で、アパレル業界でも評価が高く、私のまわりのブランド関係者にも愛用者はたくさんいます。こう言ってはなんですが、彼らは2万円のニットをお客様にすすめておきながら、自分は3千円のニットを愛用するのだからダブルスタンダードも甚だしい（笑）。しかしながら、ユニクロのメリノウールのニットのタグを完ペキに隠したら、その値段を当てられるアパレル関係者など、おそらく一人たりともいないでしょう。そのくらい高品質。このニットに文句をつけられる業界関係者は、まずいないでしょう。

加工である程度ごまかすことができる他の素材と異なり、ハイゲージニットは品質の差が見た目にあらわれやすいのですが、こちらは上質なハイゲージウールならではのツヤがあり、高級感たっぷり。ハイゲージニットはユニクロの何倍もの高価格のものがいくらでもあります。もちろん高級ニット

グレーのクルーネックのインにボルドーのタートルを。色を使うのに抵抗がある人もトライしやすい。全身ユニクロながらドレスライクな表情に。**ニット・インナータートル・パンツ・メガネ／ユニクロ**

と約3千円のユニクロを比べるのは乱暴すぎますが、正直なところ「ユニクロのでも十分だなあ」というのが長年洋服を見てきた私の実感です。しかもこのニットは「マシンウォッシャブル」。洗濯機で洗えるのです。何かとクリーニング代がかさむ秋冬アイテムですが、これなら毎日気軽に着られますよね。**寒い季節のカットソーやTシャツ代わりとなり、ドレス感を強く備えているため、いつものデニムに合わせてもオシャレが加**

ジャケットのインにも重宝するクルーネックニット。黒ボトムスとのスーツライクな着こなしはデートでの女子ウケもよし。**ジャケット・ニット・パンツ・スリッポン／ユニクロ　ソックス／マルコモンド**

同素材のカーディガンを重ねればレディースのツインニットのような着こなし。デニムと柄ソックスでカジュアル感を。**ニット・カーディガン・ソックス／ユニクロ　デニム／ラウンジリザード　ローファー／GU**

**速するという便利なアイテム**、ハイゲージニット。これは買わない手はありません。

もちろん1枚で着用してもＯＫですが、時に**中にシャツやタートルネックなどを入れて、よりドレスライクにまとめるのもいいでしょう。**シャツの襟やネクタイから連想されるように「首に高さがある」とドレスライクに見えるもの。ボトムスがインディゴデニムなどのカジュアルなアイテムならば、上半身はこういった重ね方もオススメです。色は、黒、グレー、アイボリーなどのモノトーンがあれば重宝しますが、**深いグリーン、ボルドーといったカラーニットもオススメ。**ニットそのものがドレスアイテムなので、多少色があってもカジュアルに転びにくいからです。

クルーネックニットの着まわし力に目覚めたら、**2枚目はさらにドレスライクなタートルネックを。**素材の良さはもちろんのこと、首まわりのデザインも程よく高さのあるユニクロのメリノウールのタートルは、チェスターコートなどネックまわりがあいたアウターの下にも最適。私は通常Ｍサイズですがピタピタだとおじさんくさくなるので1サイズ上げて着用しています。1枚でサラリと大人の男の着こなしを満喫できるニット、毎日のコーディネートに使わない手はないですよ。

# Heattech Turtle

## インナーと侮るべからず。意外に多機能なニクイやつ

**ユニクロ　ヒートテックタートルネックT**

冬の防寒素材としてすっかりおなじみとなったユニクロのヒートテック。保温性だけでなく、外気と暖房による寒暖差も考慮した通気性、ドライ機能のおかげで、寒い時季のあらゆるシーンで活躍する快適インナーへと、年々進化を遂げている。このタートルネックTは肩の縫製もフラットな縫い目に改良され、着心地のよさをアップ。薄手でスッキリ、もたつかないので、シャツやニットの中に入れてもストレスなくいられる。九分袖なので、重ねたトップスの袖からチラ見えすることがないのもうれしい。首元までしっかり包んでくれるタートルネックはくしゅっとさせても折り返してもOK、とバランスのいい長さになっている。

## 冬コーデの脱・地味を叶えるのがインナータートル

**首まわりに何もないとさびしい印象になってしまうことがあります。**例えばチェスターコートとかMA-1のように、襟が寝ているアウターのインがカットソーやクルーネックニットだけでは首元がさびしく地味な印象や貧相に見えがち。ですがこの悩み、首元にポイントをつくることで一気に解消します。もちろんストールなどを巻いてもいいのですが、**「インナータートル」を投入**するのも一案です。**「首元」は実はコーディネートの中でひときわ目立つ部分**です。17ページで話したように「首・手首・足首」の3箇所は身体と服の先端部分であるため、視線を集めやすいパーツです。ゆえに全体の印象を左右させる重要箇所。そんなパーツのひとつ「首」にポイントを入れてあげられるのがインナータートルだというわけ。「首からちょこっとしか見えないのに印象変わるの？」と思うかもしれませんが、ぜひ実践してみてください。「首元が目立つ」「首元が印象を左右する」ということを実感できるはずです。面積は小さいので「派手な印象」こそつきませんが、**「地味な印象」を払拭する効果は十分にある**のです。

そして、秋冬のアイテムは高価なものが多いものです。ニットもコートもパンツも、夏物よりもずっと高いものばかり。となると、どうしても合わせやすい無難な黒を選びがちです。その結果、パンツも黒、アウターも黒、ニットも黒……気がつくと全身真っ黒なんてことに。いえ、別に全身黒が悪いわけではありません。スーツなどに代表されるドレスな配色「全身黒」は大人っぽさを象徴する色使いで、子供っぽい日本人男性にはむしろ推奨したい着こなしです。しかしながら、どうしても「地味」「飽きやすい」という反面もあります。

そこで「インナータートル」の出番です。パッと鮮やかな色を入れてもいいし、ボーダーのインナータートルをちらりと首元に覗かせてもいいでしょう。

そしてもうひとつ、**インナータートルの役割に「白シャツの延命」というもの**があります。とにかく万能選手の白シャツは年間通して着たいもの。でもさすがに秋冬はジャケットを重ねても肌寒い……ので、インナータートルを入れるのです。特に黒のインナータートルと白シャツとの相性は抜群で、まるでシックなスカーフを

白シャツ×黒タートルはぜひやってほしい大人のコーデ。スカーフを巻いているようなドレスな印象が際立つため、デニムに合わせてもキマる。**シャツ・インナータートル／ユニクロ　デニム／ラウンジリザード**

黒のハイゲージニットに白のインナータートルをイン。暖かいうえに地味になりがちなVネックのニットのアクセントとなり、大人な印象に。**ニット・インナータートル／ユニクロ　デニム／ラウンジリザード**

入れたかのような大人っぽい着こなしに仕上がります。アイテムとしてはここでもユニクロの出番。「**ヒートテックタートルネックT**」**がオススメ**です。

ヒートテックは素材に少しツヤ感があるので、綿素材のカットソーよりカジュアル感が薄いのがポイント。やはり使いやすいのはモノトーン系ですが、もともとは肌着として1枚千円足らずで売られている商品。明るめのカラーやボーダーに挑戦してみるのもいいでしょう。

# 11 Back Zip Boots

# ブーツとの濃くて長〜い付き合い、始めよう

**パドローネ　バックジップブーツ**

有名ブランドのシューズの製造も手がけるファクトリーブランド、パドローネのロングセラーブーツ。全体のフォルムはドレスライクに細めなのに、トゥはとがりすぎず、カジュアルな程よい丸みがあるという、ハイブリッドなブーツ。ソールも厚すぎずバランスがいいので、最初に買うブーツには最適。テーパードシルエットの細身パンツとの相性は特に抜群だが、基本的にどんなボトムスとも好相性で、スーツにもデニムにも合わせられる柔軟性に富んだ１足。アッパーと中底、アウトソールを同時に縫い付けるマッケイ製法により、ソールが軽く、返りがいいのもうれしい。スニーカーのような快適な履き心地と、革靴ならではの大人っぽさを堪能できる逸品。

## スリーシーズン活躍して、5年は使えるブーツ

秋冬の足元にブーツは本当にオススメです。その理由の第一が脚長効果。黒ボトムスに黒ブーツを合わせると**パンツと靴の境目がなくなって、がぜん脚長効果が生まれる**のです。そして革靴ならではの、足元をドレスに傾けてくれる効果も見逃せません。そこでプレーントゥに続き、またもやパドローネ。私が「初めてのブーツ」としてもうずっと前からオススメしているのが、このバックジップブーツです。

世界に誇る日本のファクトリーブランド、パドローネの出世作とも言えるこのブーツ、フォルムは細くてドレスだけど、トゥは少しカジュアルな丸みがあるというハイブリッドアイテム。華奢すぎず、ゴツすぎず……これぞ理想の形です。切り替えや紐などが何もないシンプルデザインだけに、足元を主張しすぎないところも魅力。何にでも合わせやすく、長く愛用できるでしょう。5年先でも問題なく使えるフォルムだと思いますよ。革の素材の種類はいくつかありますが、最初のブーツには定番の表革がオススメ。重厚なカウレザー（牛革）を使っています。

実は**ブーツや革靴は初心者ほど早めに手に入れてほしいアイテム**。よく「オシャレは足元から」と言いますが、足元は視線が留まる部位。「カジュアルなスニーカーにするか」「ドレスな革靴にするか」はコーディネートを左右する大きなポイントなのです。もしもトップスがカジュアルならば「足元にドレスアイテムがある」という状態をつくるだけで、全身のバランスが簡単に整うものなのです。

ブーツを選ぶ際に、尖ったトゥで細すぎるフォルムのものにするとどうしても「キメすぎ」な印象に。かといって一時期流行ったレッドウイングなどのゴツめのワークブーツはどうしてもカジュアル感が強くなってしまう。「革靴」というだけでドレス感は出るので、**フォルムやデザインはカジュアルとドレスの中間くらいのものが好ましい**……そういう意味合いでもこのバックジップブーツは完ペキです。

ボーダー×デニムにドレスライクなコートを羽織った真冬の大人コーデ。**コート／ユニクロ　バスクシャツ／セントジェームス　デニム／ラウンジリザード　ブーツ／パドローネ　リュック／無印良品**

そして肝心の革質もこの値段にしては最高ランク。3万円台でこの革質なら文句はありません。さすがはコム・デ・ギャルソンの靴を作っていたファクトリーブランド。品質の高さ、かつ有名ブランドではありえない価格設定は脱帽ものです。

3万円台の値段に「え!? ブーツってそんな高いの!?」と思う人もいるかもしれませんが、春秋冬と3シーズン使えて、さらにどんなパンツにもスタイルにもなじむフォルムで、しかもこちらは5万円で売られていてもおかしくない逸品。素材も丈夫で、普通の革靴と同じお手入れをすれば長く使い続けることができます。ソールを張り替え、大事に履けば、5年、いや10年だって愛用できそうです。中途半端な価格のものを1〜2年おきで買い替えるほうが、むしろもったいないでしょう。

他のアイテムは安くても構わないので、靴だけは少し贅沢してください。

カジュアルアイテムの代表、デニムとも相性抜群。足元が一気に大人っぽくなる効果は革靴ならでは。黒ボトムスと合わせれば脚長効果ももちろん期待。
**デニム／ラウンジリザード　ブーツ／パドローネ**

## ⑫
## Sweat Parka

# 「学生さん」にならないパーカに出会いましょう

**ユニクロ（右）スウェットフルジップパーカ・（左）スウェットプルパーカ**

カジュアルスタイルの超定番アイテムといえば、スウェットパーカ。こちらはフロントがフルジップと、プルオーバー、どちらのタイプもフードが自然に立ち上がる素材・デザインのため、機能性はもちろん、小顔効果まで期待できる。全体のシルエットのバランスも絶妙で、身幅は重ね着ができるゆとりがあるが、ほどよく細身に、袖まわり、アーム部分もやや細めに仕上げてある。トップスの印象は「袖」が重要であるため、多少身幅が太くても肩幅がゆるくても、「袖」が細いと全体の印象はきれいに細く見えるもの。スウェット素材もヴィンテージ感のある風合いやディテールにこだわり、１枚でも羽織りでも、着てサマになるのがポイント。

## 機能性の高いパーカは、季節の変わり目の必需品

誰もが1度は着たことがあるであろうカジュアルアイテム、「パーカ」。着心地もよく、羽織りものとしても重宝する機能的なアイテムではありますが、大人の男性が着るのは意外と難しい。パーカにインディゴデニムを合わせるのは定番中の定番コーデと思われていますが、通学中の学生みたいな雰囲気になってしまいがちです。パーカはシルエットも決して細くないし、一般的に色味は杢調のグレー系が多く、素材はスウェット……とさまざまな要素からみて、カジュアルど真ん中なアイテム。では、何を合わせて、どう着こなせばいいのか。

**まずは「パーカにはスラックス」を試してみてください。**カジュアルなパーカがトップスにくるのですから、ボトムスや靴はドレスライクなもの——初心者なら、スラックスと革靴がオススメです。以下、パーカのコーディネートのセオリーです。

### 1 パンツはスキニー（もしくはテーパードパンツ）

**2 足元は革靴（細く見える収縮色の黒を）**
**3 バッグはリュックではなくクラッチなど（ドレスライクなものを選択）**
**4 インナーはなるべく見せない（もしくは白シャツ）**

1は下半身のシルエットを細身にしてドレス寄りにするため。2はパーカのカジュアル感を革靴で調整するため。今日の服にどの靴を合わせればいいかわからないという初心者は、洋服にカジュアル要素が強いときは革靴がベスト、とシンプルに考えるといいでしょう。3も小物による「ドレスとカジュアルのバランス」調整です。クラッチバッグはドレス感のあるバッグとして非常に重宝します（134ページから解説）。4は、パーカの首元からTシャツが見えているとどうしてもカジュアル感が野暮ったく目立つため。インナーに迷ったら、白シャツでドレスライクな印象に調整するのがいいでしょう。

また、パーカには**ファスナーで前開きになる「ジップアップ」と、頭からかぶる「プルオーバー」、大きく分けて二種類**あります。ファスナーがない方がシンプルデザインになるため、プルオーバーの方がほんのわずかにドレス感が高まります。どちらを選ぶもお好みですが、このように見え方にわずかの違いがあります。

今回のコーディネートではグレーパーカとブラックパーカの2色を使っているのですが、**「グレーはプルオーバー」「ブラックはジップアップ」**にしています。グレーはスウェットの風合いが強く出るカジュアルライクな色であるため、あえてドレスな印象に傾くように「プルオーバー」を。ブラックはドレスライクな色であるためカジュアル味の強まる「ジップアップ」を選びました。パーカにはデニムよりスラックスがオススメと言いましたが、これは「ドレスとカジュアルのバランス」が初心者でもとりやすいから。コーディネートに慣れてきたら黒のパーカにインディゴデニム、足元にはドレスライクな革靴を合わせるという手も。何度も言っていますが、**原則として「着てはいけな**

パーカにパンツのシンプルな組み合わせは、ともすればコンビニに行くときのようなカジュアルスタイルになりがち。黒の細身ジョガーパンツできれいめにバランスよく。**パーカ・パンツ／ユニクロ**

**いアイテム」というものはありません。要はバランスなのです。**

さて、パーカを選ぶときに重視してほしいことが一つ。**首元のフードがきれいに立ち上がるものを選んでほしい**のです。パーカのフードは天候の変化に対応できるという機能的役割はもちろんなのですが、「**小顔効果で体型がきれいに見える」というれしい効果**があるのです。そもそも「顔が小さく見える」と「体型がきれいに見える」はイコールで、「八頭身」

上下黒、インナーに白シャツ、足元に革靴と遠目にはスーツのような着こなしですが、実はパーカ×ジョガーというカジュアルアイテムを使った上級コーデ。**パーカ・シャツ・パンツ／ユニクロ　靴／ハルタ**

流行のMA-1のインにパーカを入れれば立体感のある着こなしに。上半身がカジュアル寄りなので下半身はスラックスで大人っぽく。**MA−1・パーカ・パンツ／ユニクロ　ソックス／マルコモンド　靴／ビカーシ**

という言葉がある通り、顔が小さければ小さいほど体はスタイリッシュに見える傾向があるのです。で、パーカの場合。**「顔のまわりに何か布があると対比効果で顔が小さく見える」というロジック**から、フードは立ち上がっていてほしいわけです。

　ユニクロのアイテムの中でもスウェットパーカは定番中の定番アイテムですが、実はリリースのたびに、素材や形の見直しを行っているようです。その集大成として、今、ユニクロのパーカは理想形になったように感じています。何が素晴らしいって、**「フードが自然と立ち上がる」形になっている**のです。

　単純に肉厚のフードにすればもちろん立ち上がるのですが、それでは重みが出てしまい、洗濯時に乾きにくく生乾き状態になりやすくなる。機能性が犠牲になるのです。そこでユニクロのパーカの製品表示タグを見ると……なんとフード裏はボディ部分と違う混紡素材にしてありました。生地の肉感を保ちながら乾きやすい素材を実現している……この細やかな工夫は何とも素晴らしい。別に私はユニクロの回し者じゃないですが(笑)、胸を張ってオススメできます。腰まわりを隠してくれる少し長めの着丈や袖まわりの程よい細さなど、シルエットのバランスも絶妙です。

# ⑬
# Long Coat

## トレンチでもダッフルでもなく
## ウールのロングコート

**ユニクロ　ルメール　ウールカシミヤコート+E**

2015年秋冬ものとして発売されたユニクロ×ルメールラインの中でも、屈指の出来栄えのショールカラーのロングコート。10%カシミヤをブレンドしたカシミヤウール素材は、ほのかな光沢と、カシミヤならではのしっとりとツヤのある風合いがなめらか、かつ軽やか。縫い目のほとんどないデザインが、その素材の高級感を引き立てつつ、裾に向かってやや広がるAラインシルエットの「ふわり」とした質感もより強調してくれる。まるで一枚のマントを肩にかけているような美しい布のツヤ感と広がりが、気になる体型もすっぽりと包み込み、洗練された大人のドレスアイテムとして文句のつけようのない1着。約18000円という価格で実現したのが奇跡的。

## 〝ど〟のつくほどドレスなコートは、男っぷりに磨きをかけます

男性はショート丈のアウターはいくつか持っていても、ロング丈のコートはあまり着たことがないという方が意外に多いのですが、**ロング丈のウールコートが1着あれば、通勤にも街着にも使えて大変便利**です。

私が初めてロングコートを試着したときの記憶は忘れられないもの。「胴長短足の日本人体型には似合わない」「着せられた感になっちゃう」……という漠然とした抵抗感があり、正直敬遠アイテムでした。しかし過去に、とある素敵なコートに出会ってからはすっかりそんなことは思わなくなりました。そのコートは私の体型をすっぽり隠し、いつもよりずっとカッコよく見せてくれたのです。そう、よくよく考えると、ほぼ**全身をすっぽり隠すロングコートこそ、腰位置も太ももまわりも隠せ、体型に難ありの人にぴったりのアイテム**だったのです。そのとき「ロングコートって超便利！」と私の先入観は消えました。

もちろん「ロングコート」と一口に表現しても、フードがついていたり、ボタン

が大きく印象が強かったり、デザインが入っているものはややカジュアルな雰囲気があります。ともすると、こういった遊び心のあるコートに目がいきがちですが、最初に選ぶロングコートは、シンプルでドレス感の強いものがオススメです。

海外スナップではよく見られますが、**「〝ど〟がつくくらいドレスライクなコート」をスニーカーやスウェットパンツなどで大胆にカジュアル化する着こなしってカッコいいもの**です。着まわしを重視するとどうしても「無難」なスタイルに落ち着いてしまいがち。もちろんそれが悪いことではないのですが、「一歩先に進む」つもりであれば、少し大胆な「ドレスとカジュアルのバランス」に挑戦するのもひとつ面白いでしょう。

この2015年に発売されたユニクロ×ルメールのロングコートは、装飾もなくシンプルで、カシミヤのツヤが感じられる、それこそ〝ど〟がつくようなドレスライクなコートです。外見のよさはもちろんなのですが、改めて見れば見るほど、1万円台という価格帯では実現不可能なはずの品質が感じとれます。10％もカシミヤをブレンドしたカシミヤウール素材。ある程度洋服を見てきた人なら分かりますが、触り心地も見た目も、安物にありがちな素材とは一線も二線も画しています。ツヤがあり風合いのなめらかな高級感。そしてよくよく見れば、前身頃も後ろ身頃もほとんど縫い目をつけずに、大判の素材一枚で表現しています。普通、無駄な縫い目があると、ウールの光沢やツヤ感が縫い目に沿って途切れてしまい、妙なシワ感も生まれて素材の美しさを損なってしまうものですが、このコートは贅沢にカシミヤを使ったウール一枚

コートとスラックスはまるでセットアップを思わせるドレスな組み合わせ。スウェットとスニーカーでカジュアル感をプラスしたい。**コート・パンツ／ユニクロ　スウェット／COS　スニーカー／アディダス**

ニット帽やデニムといったカジュアルアイテムも革のブーツとロングコートで大人の雰囲気。**コート／ユニクロ　デニム／ラウンジリザード　ブーツ／パドローネ　ストール／ZARA　ニット帽／ラカル**

布で表現している強烈に凄いコスパのもの。袖のシルエットが立体的ではなく平面的な作りになっているなど、高い洋服と比べて多少は見劣りするところももちろんありますが、それでもこの価格では絶対にありえないアイテムですし、おそらく今後数年、ここまでコスパのいいアイテムは出てこないでしょう。

そんなユニクロ屈指の名作コートは、**〝ど〟がつくほどのドレスアイテムですから、合わせるアイテムに、あえて〝ど〟がつくほどのカジュアルアイテムを取り入れてみましょう。**特にインディゴデニムを活用した着こなしはオススメ。ただしデニムにスニーカーだと、ややカジュアル感が強くなりすぎるきらいがあります。もちろん組み合わせや合わせ方次第ではありますが、**慣れないうちは「インディゴデニ**

ボーダーにスウェットもロングコートを羽織るととたんにシックでドレスな印象に。**コート・メガネ／ユニクロ　ボーダーT／メゾンキツネ　パンツ／ナイキ　スニーカー／Amb　クラッチ／アニアリ**

**ムの足元には革靴」と考えたほうが楽**でしょう。あと、ロングコートの場合、着丈が長いわけですから、上半身にボリュームが出ます（横に長いものも縦に長いものも、同様にボリュームが出ます）。トップスにボリュームがある場合、目指すシルエットの基本は「Yライン」。ボトムスを細めにまとめることがいちばん簡単ですから、インディゴデニムを選ぶときも細めにするといいでしょう。

あとは先に紹介したスウェットパンツ（38ページ）とも好相性。ほかにもニット帽やカラフルなストールなど、カッチリとしたスタイルを「小物」でカジュアル化するという発想もオススメです。

ウールのコートはとびきりドレスでカッコいいけど、高価なもの。だからこそ憧れのロングコートはユニクロから始めてもいいんじゃないでしょうか？

これから買うなら、流行アイテムからすでに定番になりつつあるチェスターコートもオススメです。実は、**チェスターコートのデザインの原型はタキシード**。そんなドレス感の強いコートは、さらっと羽織るだけで、全体のコーディネートを大人っぽく上品にまとめてくれます。

# Big Cut Sew

# 胴長短足を目くらましする才色兼備のカットソー

**ユナイテッドアローズ　グリーンレーベルリラクシング　ビッグ/ワッフル ロング C/N カットソー**

グリーンレーベルの中でも人気シリーズとなっているワッフル生地のカットソー。中でも、長袖で少しロング丈のこの１枚は秋冬のインナーアイテムとして活躍、間違いなし。目の大きなニュアンスのあるワッフル生地なので、インナーとしてだけでなく、これ１枚での着用ももちろんOK。シャツ、ブルゾンなどのインに着用すれば、ラウンドカットになったカットソーの裾がバランスのいい見え方でのぞくのが絶妙。程よくゆったりとしたシルエットも、トレンドのリラックス感にマッチしている。カラーのオススメは白、黒、グレーなどの定番モノトーン。中でもホワイトは着まわし力が高く、持っていてソンなし。

## 胴長短足をカバーする、着丈長めのラウンドカット

**近年トレンドになっているリラックスシルエット。**ラグジュアリー志向、高級品志向の「セレブカジュアル」がトレンドだった時代には「可能な限り細いシルエット」などがメンズでも主流でしたが、今は違います。

「ノームコア」と呼ばれる「肩肘はらない普通のスタイルでオシャレに」というナチュラル志向にトレンドは移行。シルエットもその流れに伴って変革してき、**「肩肘はらない」リラックスシルエットがメンズのトレンド**となりました。

この「リラックスシルエット」の流行は「インナー」として活躍するカットソーにも非常に多く見られます。パンツはスキニーやテーパードなどの細身シルエットも健在。ですがカットソーは、最近リラックスシルエットが極めて多い。なぜか？それには明確な理由があります。着丈の長いインナーは、腰位置を隠せるのです。日本人が生まれ持った体型的な難点である胴長短足を上手く隠してくれる役割を果たすのです。白シャツの項でも述べましたが、腰がどこから始まっているかを

隠してしまえば、それは脚長効果につながります。人間は「見えない部分には理想を想像する」生き物。腰位置が見えないと「理想の脚の長さ」に脳内変換してくれるのです。ファッションは「パッと見」の印象が大きいもの。街中でパッと見たときに、この脚長効果はかなり威力を発揮します。

今や各ブランドがこうしたロング丈のカットソーやインナーを強く推しています。中でも多いのがここで紹介している**裾が「ラウンドカット」のカットソー**。「ラウンドカット」とはシャツと同様の裾の形状で、前と後ろだけが長く、左右が通常丈となる曲線を描いた裾のことをさします。通常のTシャツやカットソーは裾がまっすぐ切った状態（ボックスカット）になっていると思いますが、ラウンドカットは曲線に。これはロング丈に慣れない人にぜひオススメしたい形。実はボックスカットのロング丈カットソーだと「サイズミス？」「だらしない」と見られかねない危険も。一方でラウンドカットの場合は、半分通常丈のようなものですから、自然な印象のまま腰位置を隠すことができるのです。またシャツと同様の裾の形状ということで、シャツっぽい「品のよさ」も確保できます。カットソーはカジ

テーパードされたボトムスとですっきりYシルエットに。ドレス感のあるスラックスが好相性。**カットソー／ユナイテッドアローズ　グリーンレーベルリラクシング　パンツ／ユニクロ　ローファー／GU**

モノトーンの色味と小物使いでドレスライクに。**カットソー／ユナイテッドアローズ　グリーンレーベルリラクシング　パンツ／ユニクロ　サンダル／Amb　ネックレス／ポートヴェル　クラッチ／アニアリ**

ュアルでどちらかといえば子供っぽいもの。**「カットソーだけど裾の形状だけシャツ」というミックス感**が印象をきれいに見せてくれる効果もあるのです。

　トップスのバリエーションとして、ロング丈のインナーウェア、特に裾がラウンドカットされたものに手を出してみましょう。通常丈よりも少し長めくらいでも十分効果は出ます。**日本人の宿命である「胴長短足」を隠すテクニック**として、ひとつ覚えておいてください。

# ⑮
# Indigo Denim Pants

# 意外にも難アイテム？
# 味方につければ頼もしい

**ラウンジリザード　スーパースリム**

ゆったりデニムが主流だった90年代から一貫してスキニーデニムを提案してきた国内ブランド。デニムにはうるさい人も納得できる上質なデニム素材にこだわりながら、日本人の体型、脚にフィットする数々の名作スキニーを送り出してきた。いいデニムがほしいと思ったら、まずはこのブランドをチェックすべし。MBイチオシの「スーパースリム」は、全体のシルエットはかなり細身、特に裾幅がかなり細めだが、キックバック性の高いストレッチ素材なので、はき心地に窮屈感はなし。それでいてスラリと美脚に見せる効果は抜群。はき伸びを最小限に抑える復元力が実に素晴らしく、膝が抜けるなどの心配も無用。価格は２万円弱が主流。

## 時にはカジュアルなインディゴデニムも使ってみよう

ここまでの間に、誰でも持っているいわゆる「ジーパン」よりも黒スキニーやスラックスのほうが初心者でも「ドレスとカジュアルのバランス」がとりやすくオススメ、という話をしてきました。が、ここではインディゴデニムも紹介しましょう。誤解しないでほしいのですが、**カジュアルアイテムを着てはオシャレになれない、というわけでは決してありません。要は組み合わせ方の問題です。**中には昔流行ったブーツカットのデニムやギャル男が履いていたトゥの尖りすぎた革靴など、今のトレンドからは完全に外れてしまう「アウト」なアイテムも存在します。でも男性ファッションのアイテムの多くは、時代を経ても変わらず存在するベーシックなものが主流。**全身をカジュアルでまとめず、ドレス感のあるアイテムをプラスすることで、カジュアルアイテムもオシャレに着こなすことができる**のです。

しかし、黒スキニーのようにドレスとカジュアルの要素を単体でバランスよく備えたハイブリッドアイテムならば、上にTシャツやジャケットを合わせるだけでもそれなりにサマになるもの。でも、インディゴデニムはちょっと難しい。プリントTシャツを考えなしに合わせてしまえば、街にあふれるアメカジスタイルに。オシャレとは程遠いものです。

しかし、黒スキニー、白シャツ、シンプルな革靴といったドレスアイテムの投入で「一定以上オシャレ」にはなれますが、ある程度コーディネートができるようになったら、デニムのように「少しカジュアル感の強

大人の雰囲気を持つシンプルな黒タートルでデニムのクラス感を底上げ。ソックスのボーダーが遊び心もプラスする。**ニット／kolor　デニム／ラウンジリザード　ソックス／ユニクロ　スリッポン／ビカーシ**

白シャツ×インディゴデニムの定番コーデ。デニムの美シルエットと、足首見せのロールアップのこなれ感で差をつける。**シャツ／無印良品　デニム／ラウンジリザード　スリッポン／ユニクロ**

い」アイテムを試してみるのもありです。多くの人がよくあるアメカジスタイルでまとめてしまいがちなアイテムだけに、上手に着こなすと、いい意味で非常に目立つものです。

では、オシャレ初心者でも失敗なくインディゴデニムをはくコツは何か。基本は「トップスや靴にカジュアルすぎないものを選ぶ」であるわけですが、**いちばん簡単なのは、「インディゴデニムには革靴を合わせる」こと。**これを基本ルールにすれば、まず大きな失敗はないでしょう。どうしても「デニムにはスニーカーでしょ」と刷り込まれている人が多いのですが、「カジュアルすぎる下半身」をつくると、トップスだけでバランスをとるのが難しくなるのです。**初心者のうちは、パンツがカジュアルなら靴はドレス、と決めてしまうと間違いがない**です。

その際に選ぶインディゴデニムですが、シルエットがダボダボだったり、色落ちが激しいものは、カジュアルすぎて着こなしが難しいもの。洋服を構成する3要素、デザイン、シルエット、カラー（素材）のうち、1要素はドレス感のあるものが使いやすいので、例えばシルエットが極細、とか、インディゴでも色落ちのしていない黒に近いダークトーンである、とか、何か**1要素だけでもドレスを感じさせるインディゴデニムを選びましょう。**

そこで、これから買いたいという人にオススメなのが、この**ラウンジリザードのインディゴデニム。**何せもう15年以上もデニムを作り続けている日本の老舗です。ルーズなストリートスタイル全盛だった90年代にも極細のスキニーを提案し続けてきた、孤高の存在。歴史が長いだけにノウハウの蓄積は膨大と言えるものがあり、**日本人の脚の形にフィットするスキニーを作らせたら、右に出るブランドはなかなかありません。**中でも私がもう3〜4年愛用しているのが、このハイパワーストレッチ素材の「スーパースリム」。通常のスキニーシルエットなのですが、素材がゴムのようにビヨンビヨン伸びるため脚にフィットしやすく、極めてドレスライクな脚の形をつくってくれるのです。通常ストレッチ素材にすると化学繊維が多く含まれるため、インディゴ特有の色感が損なわれます。すると、ヴィンテージライクな色落ちからはかけ離れてしまい、安っぽい風合いが出てきてしまうもの。男性のデニムマニアはそこかしこに生息しているものですから、あまり安っぽい風合いだと「ふーん、安い素材だな」と思われてしまうかもしれません。そんなの無視すればいいのかもしれませんが、ちょっと悔しいじゃないですか。そこでこのデニムです。

このブランド、長くデニムを作り続けてきているだけに、岡山県（デニムの名産地）の手練れの職人さんとも繋がりがあり、優れた生産背景を備えています。これならまわりのうるさいデニムマニアも納得でしょう。

最後にひとつ。**着用するときは私の着用写真のようにぜひロールアップを。**もともと美しいシルエットのデニムですが、足首を見せることでさらに全身のバランスがよく、Tシャツやニットと合わせただけのシンプルなコーディネートなども、ぐっとオシャレ感が増してきます。

袖が短く上半身をたくましく見せる黒Tシャツに、足元は革靴で。究極にシンプル、でも大人っぽさはキープしたスタイルに。**Tシャツ／ユニクロ　デニム／ラウンジリザード　スリッポン／ビカーシ**

⑯

# Military Jacket

格安・機能的・体型カバー。

三拍子そろったミリタリー

## MORGAN ECWCS PARKA

ECWCS（エコワックス）とは80年代にアメリカ軍がM65の後継として開発した軍用ウェアのことで、素材のGORE-TEX（ゴアテックス）は現代技術で作られた特殊な高機能素材。外部からの水の浸透を防ぐ防水性があるにもかかわらず、蒸れの原因となる内部の水分は排出できる透湿性がある特殊なもの。そのため「呼吸する素材」という別称も。ゴアテックス自体は薄いフィルム状でそれを表と裏から別生地でサンドイッチしたものが洋服やアウトドア用品などの素材として使われる。この硬めの素材感のおかげで体型の難を拾うことなく包み込んでくれる。ダボダボだと野暮ったくなるので狙うべきサイズは「SMALL・REGULAR」。

## ファッションと機能が奇跡的レベルで融合

２０１５年あたりから**「ミリタリーがトレンド」**と言われていますが、その後さらに本格化していき、街ではオシャレさんたちがこぞってMA−1やミリタリージャケットを着用しています。そうはいっても「ミリタリーコートを着たら誰でもオシャレになる」というわけじゃありません。どの時代もそうですが、**トレンドアイテムは「それを着れば絶対オシャレになる」というものではないのです。**「オシャレに見えるコツ」を知ってはじめて流行アイテムが生きるもの。古着の数千円のミリタリージャケットなども、このコツを知ることでウン万円のブランドモノと同様に美しく見せることができるのです。

ここで紹介するアウターは「ＥＣＷＣＳ」という名称のもの。ＥＸＴＥＮＤＥＤ ＣＯＬＤ ＷＥＡＴＨＥＲ ＣＬＯＴＨＩＮＧ ＳＹＳＴＥＭ（拡張式寒冷地被服システム）の略で、読み方は「エコワックス」（米軍パーカ、ゴアパーカと呼ぶ人もいます）。このブランドのアウターの特筆すべき点は、**高機能で名高いゴアテックス素**

**材を使用している**こと。ゴアテックスは防水性に加えて防風性もあるんです。この素材の素晴らしいところはまさにここで、防風性で内部の暖かい空気を逃がしにくい構造になっており、また透湿性で内部に体の冷えの原因となる水分を残さない作り。これらの機能により高い防寒性をつくることができているのです。

ＥＣＷＣＳ自体もそこまで生地が厚いものではありません。硬めのナイロンパーカのような素材感なので「コレ、冬も使えますよ」と言われても「こんな薄いの絶対無理だろ」と思ってしまうでしょう。ですが、少し歩いたりして内部が暖かくなれば、防寒性は十分すぎるほどあるんです。冬場はインナーにニットなどを着込んでしまえば寒さ知らず。私の地元は雪国ですが雪国の冬でもイケます。

さらにＥＣＷＣＳのいいところ。**硬めの素材感になってい**

立ち上がりのある大きめのフードが顔まわりを包み込み、小顔効果を発揮。体型の難を拾わない体にフィットしない硬い素材感もポイント。**アウター／MORGAN ECWCS PARKA　パンツ／MBスキニー**

**るため、シルエットが体型に左右されません。**華奢な体型の人、お腹が出ている人、肩幅が広すぎる人に狭すぎる人、体型は千差万別、いろいろな悩みがあるかと思いますが、ＥＣＷＣＳは生地ががっしりと硬めなため、体に全くフィットしないんです。柔らかい素材のものであれば体にフィットして体型がまる分かりになってしまいますが、硬いＥＣＷＣＳならばそれがありません。体型を隠したい人にも持ってこいなわけです。

まだあります、いいところ。ご想像の通り、「**軍用品は値段がとにかく安い**」です。通常、普通のブランドでゴアテックスを買おうとすると、5万円くらいは覚悟しなければいけません。しかしアメリカ軍の純正品ＥＣＷＣＳならば、安い古着屋さんなら1～2万円程度で出しているところもあります。超格安で冬も春も秋も使えて体型も隠せる……正直これほどお得で便利なアウターはない!!　ってレベルです。

**シンプルで機能美が詰まったデザインもまた魅力。**デザインはシンプルになればなるほどドレスに、デザインが盛り込まれるほどカジュアルになります。そういった意味で配色を抑えてポケットなども目立たないようにしている分、このＥＣＷ

ＣＳは**ミリタリーものながら、ややドレスライクな印象を持っている**わけです。

また**もう一つの特徴として大きなフードが挙げられます**。軍用であるため、ヘルメットをかぶった上からフードがかぶれるように大きめにしてあるという話ですが、ファッション的には「小顔効果」につながりますね。顔まわりに布やフードやストールなどがあると、簡単に顔が小さく見えてスタイルがよく見えます。

そして袖先に面ファスナーがついていて、袖をキュッと細くすることが可能なのもこのアウターの特徴。トップスのシルエットをルーズかタイトか印象づけるのには、袖先がもっとも重要です。袖がズルズルと長く太いと、全体もダボッとルーズな雰囲気になってしまいます。そこで**ＥＣＷＣＳを着るときは袖先の面ファスナーでキュッと袖をしめるんです。これが着こなしのコツ**です。

いかんせん、ＥＣＷＣＳはミリタリーメイドのカジュアルなアウター。ファスナーやポケットなども同色でそろえているので「カジュアルになりすぎない」アイテムではありますが、それでもアウトドア感は十分あります。なので他アイテムでいかにして「ドレスな雰囲気」をつくるかがミソ。オススメなのは、アウター自体がゆったりめのシルエットなので、スキニーパンツと合わせてYシルエットをつくること。その際にハットや革靴でドレス感をプラスするとなおよし。身体の先端となる頭と足元は目立つ場所なので、ここをドレスにするだけで全体の印象がぐっとドレス寄りになりますから。

このように**奇跡的なまでにファッション性と機能性が「偶然」融合したのがＥＣＷＣＳ。**ぜひともその奥の深さを堪能してください。

カジュアルなパーカとの重ね着もオシャレにキマる。スキニーデニムでYシルエットに。**アウター／MORGAN ECWCS PARKA　パーカ・パンツ／ユニクロ　ブーツ／パドローネ　バッグ／マルニ×ポーター**

スラックスとも相性抜群。まるでスーツのようなドレスなコーデ。**アウター／MORGAN ECWCS PARKA　パンツ／ユニクロ　ソックス／マルコモンド　靴／ピカーシ　ストール／ZARA　クラッチ／アニアリ**

## ⑰ Down Vest

# ダウンベストがあるだけで手持ちのアイテムが生き返る

**SOPHNET　ダウンベスト**

ダウンベストとダウンジャケットの発祥はほぼ同時期で、1930年代にブランド、エディー・バウアーが、アウトドア用品としてリリースしたことが始まりとされる。ダウンベストを選ぶコツはパーカにもジャケットにもデニムにも合わせられる普遍性。そのためシンプル　イズ　ベストな見た目のもののほうが使いやすい。ソフネットの中でも「パーマネントプロダクト」という定番モデルであるこちらは、シンプルデザインながら、素材にほんのりツヤ感がありドレスライクな雰囲気も備えていて、カットソーでもシャツでもジャケットにでもバランスよくなじんでくれる。３万円台と少し高いが「長く使える良いものが欲しい」という人にはオススメ。

## 小顔効果という意外な長所を秘めた重ね着要員

市場でよく見かける割に、意外と街での着用率が低いダウンベスト。実は非常に着まわしやすく大変優れた「**脱・オシャレ初心者」の手助けになるアイテム**です。そもそも「**ダウンベスト」とはダウンを中に詰めた簡易防寒着**。「なんで袖がないの？」と思うかもしれませんが、元々はアウトドア用のため、腕まわりを圧迫せずに作業がしやすいようにと考えられたもの。**成り立ちや機能性からも分かる通り、ドレスアイテムの真逆に位置する「カジュアルアイテム」**です。ですから、現代の街着において合わせる際は「カジュアルアイテム」であることを意識して、他アイテムや配色やシルエットなどでバランスをとる必要があるでしょう。オシャレなショップスタッフなどは、「ドレスとカジュアルのバランス」を感覚的に理解しているために、きれいめなドレスアイテムに合わせて構築的にダウンベストを着こなしている方も多いようです。たとえばテーラードジャケットの上に重ねたり、スラックスと合わせたり。「**カジュアルアイテムだから全身カジュアルに」といった**

**考え方ではどうにもオシャレには見えません。**ドレスの中に織り交ぜて「ドレス：カジュアル＝7：3」くらいのバランスでダウンベストを使う必要があります。

そして、何より**ダウンベストは「小顔」がつくれる！**

ダウンベストの特徴の一つに「首が高い」というものがあります。これは多くのダウンジャケットが「アウトドア用防寒着」の流れを汲んでいるからです。首元が開いていると簡単に体温が失われます。マウンテンパーカなどのアウトドア用品を見れば分かる通り、多くは体温が奪われないように首元が高かったり、フードがついて首まわりをガードする仕様になっています。これがファッション的には「小顔効果」として機能してくれるのです。顔の近くに何か布があれば、顔は対比で小さく見えるもの。パーカ（84ページ）もそうでしたね。

しかし最近はノーカラーのダウンベストも多いです。首がまったくない、小顔効果ゼロのアイテムです。それは昨今の「インナー需要」のために出回ってきたデザイン。何しろ、インナーダウンを入れてしまえば、秋モノのジャケットなどに越冬可能なレベルの防寒性をつけることができるのですから、インナーダウンは爆発的

ドレスなテーラードジャケットの上にカジュアルなダウンベストを重ねるテクニック。**ダウンベスト／SOPHNET　ジャケット／バナナリパブリック　ニット・パンツ・靴／ユニクロ　ソックス／マルコモンド**

ダウンベストとタートルの重ね着は、小顔効果倍増で相性よし。クラッチや革靴でドレス感を。**ダウンベスト／SOPHNET　ニット／ユニクロ　パンツ／ナイキ　靴／ビカーシ　クラッチ／アニアリ**

に支持されました。でもこれをカットソーなどの上に「アウター」として着用すると、どうにも間抜けというか……首元がさびしすぎて違和感があるのです。なので、シャツやタートルネックなどに重ねるのが正解。そうすると首元が高くなり、着こなしもサマになります……が、オシャレ初心者やあまり着こなしに自信がない方には、やはり**手軽で簡単に「小顔効果」が生まれる、こうした襟のあるダウンベストのほうがオススメ**です。

## ⑱ Short Pants

# 「僕のなつやすみ」にならない着こなし、目指します

**グラミチ　NNショーツ**

グラミチといえば、こちらの「NNショーツ」。はきやすく、美脚効果をもたらすショーツの条件である、裾幅広め・膝上丈を問題なくクリアしている。またクライミングウェアとしての機能性や耐久性も兼ね備えて実用性も抜群なのに、8000円前後という価格もポイント高い。素材は撥水性と耐久性のあるガサッとしたテクスチャーなので、ほどよくツヤ感を含んでおり、また、シワになりにくく、かなりドレスライクな印象にシフトされている。オシャレ初心者には黒もいいけれど、迷彩柄もオススメ。写真のようなダークトーンのものなら柄物でも取り入れやすい。ドレスライクなトップスに大胆なカジュアル要素として合わせるのもいい。

## いかに上手に、子供っぽさから脱却するか

涼しく快適なはき心地ゆえに夏場に重宝するショートパンツ、いわゆるショーツですが、間違っても「夏休みの小学生」みたいにはならないようにしたいもの。欧米人のようにスラリときれいに大人っぽく見せるコツをお教えしましょう。

まずは、**ショーツは「子供っぽいものである」という認識を頭に刻み込んでください。**ショーツはどう頑張っても「子供っぽい印象」になるのです。今一度思い出してみましょう。**ドレスは大人っぽさの象徴であり、カジュアルは子供っぽさの象徴。**ドレスはスーツで使うアイテムのことであり、カジュアルは普段着やリラックスウェアで使うアイテムのことです。当たり前ですが素足を出すスタイルはスーツではまずありえません。ショーツはカジュアルど真ん中なアイテム――この認識でコーディネートを考えるべきなのです。そのためには「いかにして〝子供っぽさ〟から脱却するか」が肝に。何も考えずに手持ちのTシャツやスニーカーなどを組み合わせるとただの「とっちゃん坊や」になってしまいます。まずは、

**1 ドレスアイテムを組み合わせる**

**2 カラーコーディネートをドレスライクにする**

**3 ツヤやとろみのあるドレス素材のショーツを選ぶ**

以上3点を念頭に置きます。

まず1。**ショーツと非常に相性がいいアイテムは「シャツ」**です。それも半袖シャツより長袖シャツのほうがオススメであり、色もカラフルなものより、白シャツがオススメです。そのほうが全体の印象が、ぐっとドレス寄りに引っ張られます。

「ドレスライクなシャツしか短パン攻略法はないの??」と疑問に思う人はご心配なく。カラーコーディネートでドレス感を付与する方法もあります。**使う色味をなるべくモノトーンで統一する**と、Tシャツ×ショーツ

柄同士の組み合わせは難易度高め。落ち着いたトーンならカジュアルすぎない。**バスクシャツ／セントジェームス　ショーツ／グラミチ　ニット／ユニクロ　エスパドリーユ／GU　クラッチ／アニアリ**

のコーデもかなりドレスライクに見せることができます。

そして、ショーツの素材にも注目を。「ツヤ感」のあるものはドレスライクな印象を与えるもの。あらかじめ、ツヤのある素材のショーツを選ぶことで、印象は少しドレスライクに寄せることができるのです。

上手にショーツを着こなすためには、さらなる3つの攻略ポイントがあります。

**●「膝上丈」を選ぶべし**

脚をきれいに細く長く見せたいなら迷わず膝下ではなく膝上丈を選びましょう。ショーツをはいている際に人はどこを見て「脚の長さ」を測るかというと「露出している脚の長さ」で判断するのです。つまり肌の部分が長ければ長いほど脚は長く見える……なので膝下丈よりも膝上丈なのです。

**●「裾幅広め」を選ぶべし**

これも丈の視覚効果と似ています。洋服の基本ですが、

**「腕や脚を細く見せたければ、袖や裾が太いものを」**
**「腕や脚を太く見せたければ、袖や裾が細いものを」**

選ぶべきです。これを私は「女子高生ルーズソックス理論」と呼んでいます。65ページのTシャツの袖の話でも引き合いに出しましたが、90年代に女子高生の間で流行ったルーズソックスは、あのドカンとボリュームのあるソックスとの対比で、履く人の脚を細く勘違いさせる視覚効果があるのです。

ショーツも同じです。日本人のやや肉感のあるむちっとした太ももは、裾幅を太くすることによる「対比効果」で細く見せることができるのです。

**●「インビジブルソックス」を選ぶべし**

脚を長く見せたい＝素肌の面積をなるべく長く見せたい＝靴下が見えてしまっては邪魔という理屈ですね。

こうした数々の条件を満たす、着まわしやすくて間違いないショートパンツを1本……と思うならグラミチの右に出るブランドはないでしょう。グラミチはアメリカでクライミングウェアとしてデビューしたブランド。この**グラミチの「NNショーツ」はシルエットが美しく、私も長く愛用しています。**クライミングウェアとしての機能性や耐久性も兼ね備え、はき心地のよさや作りのていねいさも魅力。夏のショーツとしてこれ以上ない完成度を誇っているがゆえに、シーズンになると、どのセレクトショップもこぞって取り扱う逸品です。

合わせやすい無地ももちろん推奨なのですが、白シャツやサマーニットなどのドレスライクなアイテムに、あえて迷彩柄もオシャレで使えます。その場合は色のトーンが落ち着いた迷彩を選ぶのがオススメです。

これぞ大人のショーツの王道コーディネート。白シャツと革靴でドレス寄りにシフトすれば、街着としても申し分のない大人の休日スタイルに。**シャツ／ユニクロ　ショーツ／グラミチ　ローファー／ピカーシ**

トップスはTシャツではなくツヤのある素材感がドレスライクなサマーニット。足元は細身のエスパドリーユで革靴ライクな表情に。**ニット・エスパドリーユ／GU　ショーツ／グラミチ　クラッチ／アニアリ**

# ⑲

# Espadrille

# スニーカー以上、革靴未満。夏の超スタメンシューズ

**GU　エスパドリーユ**

ソール薄めでフォルム細め、というグッドバランスのシルエットを持つエスパドリーユ。無駄なデザインを徹底的に削ぎ落として極めてシンプルにすることで、革靴のような大人な表情を実現している。カラーバリエーションは白と黒があるが、最初の１足はよりドレスで革靴ライクな印象になる黒を推奨。パッと見はまるで革靴を履いているかのようなドレスライクな雰囲気で、春夏シーズンの１足として本当に重宝する。MBの夏の私服でもよく登場するスタメンシューズ。ジュート素材は足の蒸れや臭いも防ぐので、夏場のシューズとして機能性も申し分なし。これでほぼ1000円程度というのは、奇跡のよう。暑い季節の前に絶対買いのシューズ。

## 低価格だけど革靴なみに大人っぽく見える靴

素材はコットンとジュートでカジュアル。だけどシルエットは細身、ソールは薄くてドレス寄り。**実はエスパドリーユって典型的なハイブリッドアイテム**なんです。夏場はこれが1足あると、本当に足元コーデに困りません。

そもそもエスパドリーユはスペインの伝統的な履物。サンダルではなくどちらかというとスリッポンのようなイメージですが、通気性の良いジュート素材などを使っているため蒸れて臭くなったりもしにくく、裸足で履いてもOKです。

デザインはサンダルのようにストラップがあるわけでもなく極めてシンプル。しかもエスパドリーユの場合は、スリッパと同じように「つっかけ」て履くものです。かかとを踏んで履く形式ですね。そうすると当然ゆったりとしたデザインだと、歩いているうちに「スポッ」と抜けてしまいます。そのためエスパドリーユの多くは足にフィットするように細身に作られているのです。スニーカーのようなボ

白いTシャツに黒のスラックスという超シンプルな夏のスタイル。これに黒のエスパドリーユを合わせることで全体をドレス寄りにシフトできる。**Tシャツ・パンツ／ユニクロ　エスパドリーユ／GU**

リューム感のあるシルエットではなく、**どちらかというと革靴のような細身のフォルム**になっているというわけです。

デザインもシンプルなものが多く、縫い目や紐さえもないデザイン。こうした雰囲気はあくまで革靴ライクではありますが、素材の多くはコットンやキャンバスですから、価格はとてもお手頃。ＧＵでもここ数年、毎夏にリリースされていますが、千円程度で手に入ります。この価格は驚異的でしょう。もちろんただ「安いからオススメしている」わけではありません。この価格とは思えないシルエットとデザインで、ひと夏で履きつぶすとしても本当にお買い得。私も春から夏にかけては大変愛用しています。

**カジュアルに子供っぽくなりがちな夏のコーディネートの足元にエスパドリーユを持ってくると、ぐっとドレス寄りになるもの**です。〝ど〟カジュアルの典型、ショーツやインディゴデニムといったアイテムを大人めにシフトするにはぴったりのシューズです。もちろんきれいめなスラックスやスキニーデニムにもなじみます。これぞハイブリッドアイテムのなせる技です。

夏のコーディネートには欠かせないアイテム。2016年の夏はほぼ毎日のようにエスパを履いているといってもいいくらい、愛用しました。余計な装飾のついたサンダルをお金をかけて買うよりも、ずっと着こなしが大人っぽくまとまります。

プチプラもいいけどもう少し高いものも知りたいな、という方には、私も履いている**スペインのブランド、ガイモのエスパドリーユもオススメ**です。コットン素材が多いエスパですが、こちらのスエードレザーのモデルはぐっとシックなたたずまいで1万5千円弱。ソールのジュート素材の肌触りも心地よく、大人の男性にぜひ履いてほしい1足です。

薄いソールと細身フォルムは革靴を思わせる端正なたたずまい。スニーカーだとカジュアルすぎてキマらない、というときにはうってつけ。出番の多い黒スキニーとも好相性。**エスパドリーユ／GU**

## Basque Shirt

# 大人の柄トップスに最適なバスクシャツ

**セントジェームス　ウェッソン（ボーダー）**

フランスの老舗、セントジェームスのシャツの定番中の定番。ボートネック・長袖のシャツの原型は、ノルマンディー地方の漁師やヨットマンたちが着ていたもの。実用的に考えられた素材とスタイルが特徴で、コットン100％の目のしっかりとした素材は、洗濯機でガンガン洗っても大丈夫。着込んでいくことでだんだんと風合いも出て、肌に気持ちよくなじむ。価格は約１万円と、コットンのカットソーとしては高めだが、作業着をもとにしているため、その耐久性は素晴らしく一生モノといっても過言ではない。１枚で着ても重ねても肩にかけてもOK、という活躍度の高さも見逃せない。ボーダーのバリエは実に豊富だが、最初の１枚はシンプルな紺白を。

## フレンチカジュアルは、大人こそ取り入れたいスタイル

30〜40代くらいでオシャレが好きな人なら「A.P.C.」や「アニエスベー」などのブランドがもてはやされた、90年代のフレンチカジュアル全盛期を覚えているかもしれません。ボーダーTに細身のパンツなどを合わせた、いわゆる「キレカジ（キレイめカジュアルの略）」スタイル。この着こなしが2014年頃から再びトレンドとして注目され、フレンチライクなボーダーカットソーやベージュのステンカラーコートなど、懐かしいあのアイテムに若者たちが群がっているのです。

実は**フレンチカジュアルはアメカジなどに比べると、ずっと大人っぽいスタイル**。たとえばこのボーダーカットソー（バスクシャツとも言います）。フランス人はこのカットソーのインにシャツを入れてニット風に着こなし、細身のパンツを合わせたりします。シャツとパンツがドレスで、ボーダーがカジュアル、見事に「ドレスとカジュアルのバランス」がとれたスタイルです。だからこそ、**こうしたフレンチカジュアル、大人の男子に取り入れてほしい。**

ここで紹介したボーダーカットソーはフランスのセントジェームス社の定番中の定番。セントジェームス社はフランスのノルマンディー地方発祥のブランドで、地元の漁師や船乗りたちの大切な仕事着であるマリンセーターを生み出し、それが実用性を備えた現在のセントジェームスのバスクシャツの原型となっています。しっかりと肉厚な素材は目が詰まって耐久性も高く、形はストンとお腹の出っ張りが目立ちにくい裾広がりに。これだけ素材がしっかりして硬いので体型を拾いません。よって服にシワが生まれにくくカジュアル感が軽減されます。

そして、**バスクシャツの特筆すべき点は柄物でもカジュアルになりすぎないところ。**なぜか日本人男性はチェックが好きですよね。Tシャツにチノパンツはいてチェックのシャツを羽織る……これでカッコよく見えるのはハリウッドスター、と

左ページのコーデのバスクシャツを脱いで肩かけにしてみた場合。まるでアクセサリーをつけたかのようなボーダーのアクセント効果に注目して。**バスクシャツ／セントジェームス　シャツ・パンツ／ユニクロ**

までは言いませんが、外国人男性ぐらいでしょう。でもボーダーはチェックほど色数が多くないものがほとんどなのでカジュアルに寄りすぎません。ボーダーのピッチ（幅）が細く、黒白、濃紺白といったモノトーン系の色合わせならなおさらです。そして何よりコーディネートが簡単です。ボーダーを着たらあとは黒スキニーかスラックスか……バスクシャツをひょいと肩にかけるだけでもサマになりますよ。

セントジェームスのバスクシャツは耐久性が高く、長く愛用できるアイテムなのですが、「カットソーに1万円は高いよ」という人もいるかと思います。それならば**ユニクロの「ウォッシュボーダーボートネックT」**なら2千円程度。素材は柔らかめですが、シルエットは十分に美しく「手頃なものでまずはボーダーにトライしてみたい」という方にぜひ。

バスクシャツのインに白シャツを入れ、スラックスとエスパドリーユを合わせた王道のフレンチカジュアルは大人の男性にふさわしい。**バスクシャツ／セントジェームス　シャツ・パンツ／ユニクロ　エスパドリーユ／GU**

Stole

# 春秋冬の間、ずっと小顔にしてみせます

**ZARA　ベーシックスカーフ**

大手ファストファッションブランド、ZARAのベーシックラインのストール。100×200cmと大判で薄手のストールは首まわりにくしゃくしゃっと巻きつけるだけで、簡単にサマになる便利なアイテム。素材はアクリルながら、肌触りは心地よく、ある程度の肉厚感もあるので安っぽく見えることもない。黒、グレー、アイボリーなどモノトーンカラーのラインナップも充実のうえ、値段も2000円台からあるので色違いで揃えておいても重宝するはず。実はレディースアイテムながら、メンズファッションのコーディネートに本当に役立つアイテム。MBも長年愛用している、間違いなく使える逸品。

## 防寒だけじゃない。ストールの体型カバー機能

夏以外の季節、春秋冬に使える最強の小物としてストールを強く推します。なぜなら、**首元にボリュームをつくると視覚効果で顔が小さく見え、圧倒的に体型がきれいに見える**からです。また、チェスターコートやMA-1など首まわりがスッキリしていてさびしい印象を与えてしまうアウターも、ストールを巻くだけでバランスがとれます。シンプルすぎて何か物足りないというときにさっと巻くだけでコーディネートがキマりますし、気温が変わりやすい季節の体温調節にも重宝。

ちなみにストールは冬だけのものじゃありません。その素材には厚手のものや薄手のものまで幅広い種類がありますし、薄手のスッキリとしたものであれば**春秋冬と3シーズン着用は可能**です。

そのストールによる視覚効果とは、**顔の近くに何かがあると顔が小さく身体全体のバランスがよく見えるというもの**です。みんなで一緒に写真を撮るとき、顔の近くでピースサインをする女の子ってよくいるでしょう？　あれは感覚的に顔の近く

に何かあることで小顔に見えることを知っているからです。ストールはピースサインよりもずっと大きな面積の布ですから、その小顔効果は絶大です。

そこで選ぶべきストールですが、これは大判であるのは絶対条件です。長さがあまりにも短いと巻き方が制限されてしまいますから、ひと巻きしてもまだ長さが少し余るくらいが理想的。そのほうが色々な巻き方が楽しめます。**目安としては概ね縦か横の長さいずれかが180cm程度以上あるといいでしょう。**メンズブランドではなかなか大判のストールが見つからないので、手軽なものでは**ファストファッションのZARAのレディースがオススメ。**そもそもストールやマフラーにメンズもレディースも大差はありません。ZARAのストールは1辺が200cmくらいあって2千円台からありますから、活用しない手はないでしょう。色味ですが、最初に買うならチェックなどの柄物よりも**黒やネイビーやグレーなどのダークトーンがオススメ**です。大判のストールは巻くだけで存在感十分ですし、濃いめの色のほうが収縮色として、巻いた際に顔を小さく見せる効果がさらにあります。

あと、よく巻き方を聞かれますが、くしゃくしゃっと無造作に巻くだけでOKです。はじめから生地が輪っか状になっている「スヌード」も近年よく見かけますね。こちらも非常に便利なのですが、ストールで代用可能です。首にくるくると巻いたあと、端の部分を巻いた輪の中に押し込めばスヌード風になりますから。無地のカットソーやシャツといったシンプルなアイテムに表情や変化が生まれます。

詳しい巻き方は173ページでも説明していますので、そちらも参考にしてみてください。

ストールの小顔効果はこのくらいのボリューム感があって初めて威力を発揮。タートルニットの上から巻けば防寒的にも文句なし。**ニット・カーディガン／ユニクロ　デニム／ラウンジリザード　ストール／ZARA**

ややビッグシルエットのトップスにストールを一回巻き。小顔効果で全身バランスよく。**スウェット／COS　パンツ・スリッポン／ユニクロ　ソックス／マルコモンド　ストール／ZARA　クラッチ／アニアリ**

# Bracelet

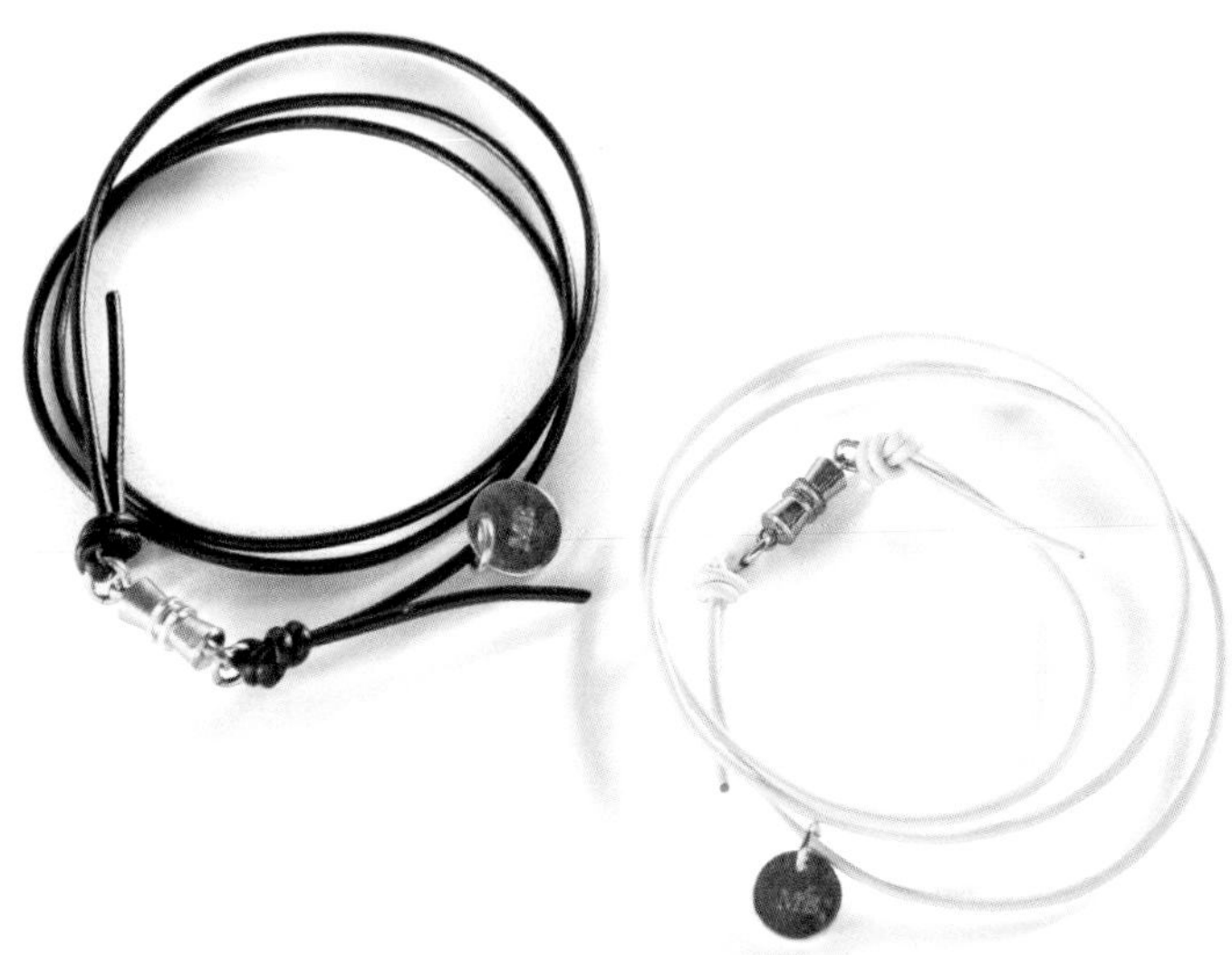

# 何はなくとも手首にブレスの束縛を

## MBレザーブレス

もともとノベルティとして作ったコットンのコードブレスが好評だったため、レザーコードにアップデートして製作・販売したMBオリジナルのコードブレス。ツヤ感のあるレザーを使ったこのブレスレットは、3重巻きでするのが前提だが（長さはカットすることで調節可能）首に巻くとなんとネックレスとしても使える。チャームはシルバー製で、結合部であるマグネットは某有名ブランドが使っているパーツ。結合部分はマグネットなので着脱もラクなことこのうえなし。すべて職人のハンドメイドながら、価格は3200円（税抜）とおさえめに。カラーは白と黒の２種類。（完全受注生産。詳細はMB公式サイト（207ページ）にて適宜発表）

## 何よりも手に入れたいアクセサリーこそ、ブレスレット

アクセサリーはネックレス、ブレスレット、アンクレットなど「首・手首・足首」の3箇所につけるものがほとんど。17ページでも述べたように、この3箇所は目立つ部分である「3首」。何もないと、ことさらにさびしく感じる部分なわけです。首・足首はそれでも襟や靴などが近くにあるので、何もつけなくてもそれほどさびしい印象になりませんが、夏の手首に関しては何もない無防備な状態。そこで**男のアクセサリーは手首まわりから揃えるのがセオリー**です。

そういった意味ではリングでもブレスでももちろんいいのですが、その効果と取り入れやすさを考えると断然ブレスがオススメです。過度に装飾的なものである必要はありません。お手頃価格でゴツすぎない華奢なコード（紐）ブレスで十分です。

「**こんな細いブレスレットで本当に印象変わるの？**」と思う人は、半袖Tシャツを着て、ヘアゴムを手首につけた状態とつけない状態を鏡で見比べてみてください。たかだか細いヘアゴム一つなのに印象にかなりの差があることが理解できま

半袖Tシャツのシンプルコーデ。夏場にむき出しになる腕には、時計やアクセサリーでアクセントをぜひつくって。**Tシャツ・パンツ／ユニクロ　ブレス／MBレザーブレス　腕時計／アノーニモ**

す。「3首」の印象は大きいもので、この3箇所の扱い方で見え方はまるで変わります。ナメてはいけません。そして、そもそも目立ちやすい場所のため、華美にすると「やりすぎ」と見えることも。なので**細身のコードブレスなどがいちばんいい**でしょう。手頃な値段のものも多いので、初心者にもぴったりです。私も年から年中、華奢なコードブレスを愛用しています。

その結果作った理想のコードブレスがこちら。ツヤのあるレザーコードを使ったこのブレスレット、3重巻きになっているのですが、首に巻くとネックレスとしても使えます。華奢なコードブレスは単体では目立たなすぎて、重ねづけするためにセット買いが必要なこともあるでしょう。でもこのように**巻きつけられるタイプは単品で重ねづけしたような雰囲気が出せるので便利**なのです。他に、私がメルマガでも何度も紹介した**wakamiのブレスもオススメ。**こちらは7本セット売りで重ねづけできるようになっており、大人の男性がつけても問題ない落ち着いたデザインながら、セットで5千円程度、とコスパが非常にいいです。

アクセサリーをつけなくてもオシャレはできます。が、「夏の手首」だけはアクセサリーをつけたほうがオシャレに見えやすいでしょう。何もない手首はあなたが思う以上に目立つものです。**アクセサリー初心者であるなら、ぜひブレスデビューしてみてください。**

最後に、くれぐれもつけすぎには注意を。さりげないアクセサリー使いはオシャレですが、つけすぎは、まったく逆効果です。アクセサリーをじゃらじゃらさせた男は、女性からも敬遠されます。特にオシャレ初心者ほど、腕時計とシンプルなブレスくらいから試してみるのがオススメです。

ぐるぐるっと巻きつけるだけのレザーコードブレス。バングルや流行のインディアンジュエリーほど目立ちすぎず、ひそかな存在感で男の夏の手元をランクアップさせてくれる。**ブレス／MBレザーブレス**

# Clutch Bag

# クラッチバッグはオッサン専用にあらず

## アニアリ　アイディアルレザー　クラッチケース

横35×縦26.5cmと大きめで、A4の書類はもちろん、雑誌やタブレットもらくらく入る大容量のクラッチケース。素材の牛革に程よい硬さやハリ感を出すためにタンニンを含ませてなめし、自然な色ムラ感や光沢を出すためにワックスで仕上げている。ワックスコーティングによる強い撥水性もあるので、レザーとはいえ取り扱いにさほど気を使わなくていいのもうれしい。アンティークな色合いを実現した独特のムラ感とツヤ感も秀逸。デザインはこのうえなくシンプルで飽きのこないものだが、内側にオープンポケットが２つ、ファスナーポケットが１つとキーリングもついているので、実用性も抜群、言うことなしの大人のクラッチバッグ。

## バッグはドレスとカジュアルのバランスの「調整役」

バッグもコーディネートの一部と考えてください。せっかく洋服をカッコよくキメてもバッグがいつも同じ、というのはもったいない。シャツにスラックスのようなドレスライクな着こなしのときはカジュアルなリュック、といった具合に**バッグはドレスとカジュアルのバランスの「調整役」ともいえる**のです。

で、カジュアルに流れがちな日本人男性にまず持ってほしいのが「クラッチバッグ」。数年前に来た80年代リバイバルブームに伴い、ダブルのジャケットやクラッチバッグなどバブル期を彷彿とさせるアイテムがトレンドとなりました。当初は「**若者がセカンドバッグを持ち始めた?**」などと面白おかしくメディアに取り上げられたものですが、今ではすっかり定着。レディースでは特に人気のあるカテゴリになっており、今やクラッチバッグは珍しいものではなくなりました。

**クラッチは何より手軽さがメリット**。「手に持つだけ」という簡易なものなので、新聞や書類を持つ感覚で使えます。また、ベルトやストラップがないので洋服のどの部分にもバッグのパーツがかかることがなく、コーディネートのバランスを崩さないのもポイント。シンプルな作りのものが多く、他のバッグに比べて生産コストが安いため、レザーを使ってあっても1万円を切るものも多く、価格的にも手軽であるのです。

昨今のクラッチの流行に伴って、最近ではショッピングバッグ状になっていて、たたむとクラッチバッグになる、という2WAY仕様のものや、コットンのキャンバス素材なども多く、バリエーション豊富に展開されています。

ですが、**最初に購入してほしいのはやはりレザーのシンプルなタイプ**。スーツに持っても違和感のないようなドレスライクなクラッチは、ひとつあるとスタイルの幅が広がり、非常に便利です。そしてシンプルなものであれば、この先も流行に関係なく長く使えます。冠婚葬祭で礼服を着るときに、合うバッグがない、かといって手ぶらというのも……そんなシーンにも、余計な装飾のない革のシンプルなクラッチが活躍します。

このアニアリのクラッチはまるで書類ケースのようなシンプルさが魅力です。結

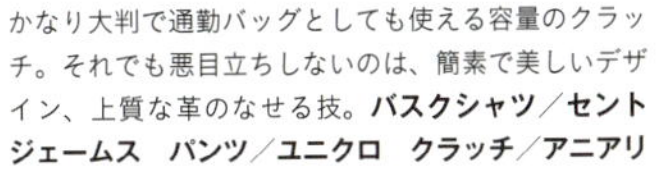

かなり大判で通勤バッグとしても使える容量のクラッチ。それでも悪目立ちしないのは、簡素で美しいデザイン、上質な革のなせる技。**バスクシャツ／セントジェームス　パンツ／ユニクロ　クラッチ／アニアリ**

ボーダー×リブパンツのカジュアルコーデにはロングコートとクラッチ。スニーカーでカジュアル味を。**コート・パンツ／ユニクロ　バスクシャツ／セントジェームス　スニーカー／アディダス　クラッチ／アニアリ**

構大振りですが、黒、そしてシンプルで簡素で無駄のないデザインゆえにコーディネートを邪魔することがありません。値段は2万円台と少々張るのですが、革質・デザインに定評のあるバッグブランド、アニアリの商品なら納得できます。これだけシンプルで使い勝手のいいクラッチは、なかなかお目にかかれません。

長く使うもの、役立つものとして、ひとつ投資するのはあり、だと思います。

# Rucksack

## 30代になったら「普通」のリュックをひとつ

**無印良品　サイドファスナーポケット付ポリエステルリュックサック**

素材は超タフで水も通しにくいポリエステル混。さらに表面には撥水加工が施され、雨水にも強いのもポイント高い。触れば納得の、ガッチリと目の詰まった風合いで、使うシーンをまったく選ばず。デザインは極力シンプルながら、側面にファスナーポケットがあり、使い勝手も申し分ない。電車のなかでも読書やスマホいじりはもちろん、担いだままペットボトルや財布をサッと出せるようにその配置位置も吟味されている。シャツやカットソーと並ぶ無印良品の名品中の名品。カラーは黒、ネイビー、グレー、カーキといった、これまた合わせやすいダークトーンがラインナップ。特に黒とネイビーは活躍の幅が広くオススメ。3480円（税込）。

# 30代以上の男性に使ってほしい大人のリュック

近年大流行、というよりは定番バッグとしてこれまた定着した感のあるリュックですが、もともとはバックパックとして登山用に作られたバッグであり、それをデイリーユース化するために小型化したのがデイパック、いわゆるリュックです。**当然「カジュアルアイテム」なだけに選び方が重要。**数あるリュックの中から「使える」ものを探すのは意外と難しいものです。オシャレなデイバッグとしてロングセラーなのがコム・デ・ギャルソン・オムプリュスのデイパック。名作です。シンプルで無駄のない美しいシルエットで根強いファンの多いリュックですが、こちらは約2万円。ギャルソンのアイテムとしては手頃であるものの、ポリエステル素材の普通のリュックとしては高価格ですね。

もっと安いものはないの？　という方に朗報です。アパレルスタッフなどに絶大な人気を誇るのが、この無印良品のリュック。私のまわりだけでも男女問わず10人近い愛用者がいるほどです。

「**形がこれ以上ないほどキレイ**」「**素材が超タフで長く使える**」「**ファスナーの配置がよく、使いやすい**」と、それぞれ見るポイントは違うものの、高評価をつける人が続出しています。リュックをコーディネートに使うフレンチカジュアルが流行していることもあり、ファッション関係者はこの安くて優秀な無印リュックをこぞって買い求めているのです。あまりの人気で一時期は完売状態となり、生産・入荷待ちが続いていたほど（その後再入荷しましたが）。

**このリュックのいちばんの特徴は**「**クセのなさ**」です。「普通じゃん」と思うかもしれませんが、リュックで「普通」の形は意外にも少ない。リュックは横にデカいと小学生の遠足だし、縦に長いと「B系ファッション」の中学生が使っているバッグに。大人が使えるような、程よくコンパクトな形というものが意外とな

セットアップ風のドレスなコーデにこそ最適なリュック。カジュアル感を足すバランス役に。**ジャケット・タートル・パンツ・スリッポン／ユニクロ　ソックス／マルコモンド　リュック／無印良品**

い。また形こそバランスのとれたものがあったとしても、ワッペンや刺繍など余計なデザインがついてまわり、文字どおり「無印」できれいなバランスのリュックは稀有なのです。30代以上の方は「リュックなんて学生のバッグでしょ?」と思うかもしれませんが、とんでもない。30代以上の大人にこそ持ってほしいアイテムといえるのです。シンプルすぎるほどシンプルなリュックだからこそ、ジャケット×シャツ×細身パンツなどのビジネスカジュアルに合わせてもサマになります。「インディゴデニムにはスニーカー」のように「リュックはカジュアルなファッションに合わせるもの」と無意識のうちに決めつけている人も多いでしょう。そんな先入観は捨ててください。**大人の男性にこそ、リュックをドレスライクなファッションの調整役として使っていただきたい**と思います。

こんな風に肩がけすれば、ショルダーやメッセンジャーバッグのストラップのようにコーディネートの邪魔をしたり、服にシワをよせることもなく、持つことができる。**リュック／無印良品**

Hat

# ハットは「普通の服」にこそかぶりたいもの

**レイジブルー　フラットフェルトハット**

絶大な人気を誇る、軽やかなウール100%のハット。ツバにステッチを施すことで、ブリム（ツバ・縁）をきれいに見せ、ツバ広感がより強調されている。帯やリボンのついていないシンプルデザインなので、様々なスタイリングに取り入れやすく、合わせる洋服を選ばない。ハットそのものがドレス感の強いアイテムなので、この少し波打っているツバのかっちりしすぎないところがいい味に。素材もフフなフェルト生地を切りっぱなしにしたような風合いが抜け感を演出。ニットキャップのように頭にピタッとフィットした帽子はいつもの髪のボリュームと比べて差がでるので気になってしまうこともあるが、いっそこのようなボリュームのある帽子のほうが違和感なくかぶれる。

## シンプルコーデにドレス感をもたらす大人の帽子

　ここのところなぜハットが流行っているのか？　背景は実は「ノームコア」にあったりするのです。「**ノームコア**」**とは「普通のファッションをオシャレに着こなす」トレンド。**ニューヨークから発祥した、この肩肘張らずにスタンダード服を上手に着回すスタイルは、あっという間に市場を席巻しました。今やどこの洋服屋さんに行っても無地Tシャツ、シンプルなデニム、スニーカーなど、スタンダード服のオンパレードです。**しかしながらラフな無地Tシャツとデニムだけではどうしても「人よりオシャレ」に見せにくい。**いくら普通のファッションがトレンドであってもオシャレに見えなければ意味がありません。そこで**市場は「小物は大人っぽいものを選ぶ」選択**をしました。例えばシンプルでラフなTシャツスタイルなどでも「ハット」が加わると急にオシャレ感が出てきます。この「オシャレ感」の正体こそ、何度も繰り返している「ドレスとカジュアルのバランス」です。

**「ハット」はもともとテーラードスタイルに合わせていたトラディショナルなド**

**レスアイテム**です。しかも帽子は「頭の先」「顔の近く」という、もっとも目立つ位置に鎮座するアイテム。Tシャツなどのラフすぎるカジュアルスタイルでも、目立つ位置にドレスライクなハットを持ってくるだけで、先述の「ドレスとカジュアルのバランス」がとれてしまうのです。

また「バランスをとる」以外にもメリットがあって、特にツバが広いハットは、ツバによるボリューム感との対比効果で小顔に見えるんです。顔（頭）が小さいと相対的に腕が長く脚が長く、均整がとれて見えます。**頭を小さく見せることは「全身をカッコよく」見せることにつながるのです。**ツバ広ハットは顔に影が落ちることもあり、小顔効果にはかなり優れています。

「帽子は似合わないかも」と不安に思う人も多いでしょう。でもそれは「**普段と違う顔まわりに違和感を感じてる**」**だけ**の場合が圧倒的に多いです。ファッションウェブサイトでは「面長の人はハットが似合わない」「四角い顔の人はキャップが似合う」なんてことが書いてあるのもありますが、あんなの嘘っぱちもいいところです。私は面長ですがハットをかぶりますし、四角い顔の人でもキャップがイマイチな人はいるものです。大体冷静に考えて人間の顔の大きさや形ってそんなに強烈に違うでしょうか？　似合う似合わないを左右するほど、顔の形が個性的な人はごく稀なはずです。

似合う似合わないの多くは「違和感」が原因。そこで「**違和感なく帽子をかぶる**」**ために****は帽子の色は絶対「黒」にしましょう。**頭の色（髪）は基本黒ですから、違和感を覚えにくいはずです。最初に選ぶ帽子は黒がイチオシです。

ハットは目深にかぶらず、浅めにかぶるのがオシャレに見せる秘訣。シンプルなタートルニットにさらなるドレスな雰囲気が漂い、小顔効果も倍増する。**ハット／レイジブルー　ニット／kolor**

こんなアウトドアテイストのカジュアルコートにハットを合わせると、全体の印象が大人っぽく洗練される。**ハット／レイジブルー　コート／バブアー　ニット／kolor　パンツ／ユニクロ　ブーツ／パドローネ**

# Plus buy
# 6

## 買い足し６アイテム

MB's Coordinate School

# 2nd Lesson

基本の25アイテムがこなれたら

# さらなるオシャレのための買い足し6アイテム

# ①

## Stripe Shirt

# 白シャツの次はストライプ

**ユニクロ　エクストラファインコットンブロードストライプシャツ**

希少な超長綿を贅沢に使用した、ツヤのあるなめらかな肌触りのコットンブロードシャツ。表面に微起毛加工をプラスすることで、よりソフトな風合いに。すっきりシャープな印象のブルーと白の細ストライプ。

## 柄の色数と彩度に気をつけて選ぼう

「ドレスとカジュアルのバランスをとる」大原則とルールに従ってコーディネートを追求していくと、どうしても無地とモノトーンの組み合わせばかりになるでしょう。モノトーンコーデは私も大好きでよくやります。初心者でも簡単にできるからといって決してレベルの低いコーディネートではありません。でも、「いつも同じ服と思われそう」「色や柄物にも挑戦したい」と思う気持ちもわかります。

では、そこで投入すべき柄アイテムの正解は？ 16ページで述べた**ルール3「色はモノトーン＋1色に抑える」**のところでも言いましたが、コーディネートの色数が増えれば増えるほど、印象はカジュアルに傾きます。柄も同じで、柄に使われている色やパターンが増えるほど、そしてその柄の色が鮮やかで彩度が高いほど、カジュアル寄りになるのです。

なので、私が**最初の柄アイテムとしてオススメするのが、ブルーと白のストライプのシャツ**です。モノトーンに近い色合わせ、主張しすぎない細めのストライプ。これならば最初の柄物として、抵抗なくコーディネートに加えられるはず。柄シャツというと、チェックのネルシャツなどを手にとる人も多いでしょうが、**チェックは柄そのものの色数も多く、カジュアルテイストなので子供っぽく見える危険性もはらんでいます。**一歩間違うと牧場のカウボーイに見えかねません。

その点、ストライプのシャツなら安全です。特にこの**ユニクロのブロードのボタンダウンシャツ**はいろんな意味で優れています。

一言でシャツと言っても素材やデザインはいろいろ。ポロ競技が元となったせいか「オックスフォード素材」と「ボタンダウン」という要素はカジュアルシャツの代表としてセットで作られることが多いです。ですが、このシャツは、ストライプでボタンダウン（カジュアル）、ツヤのあるブロード素材（ドレス）という見事なハイブリッドアイテム。「ドレスとカジュアルをミックス」するメンズファッションの大原則を単体でクリアしています。

モノトーンのスタメンアイテムにさしこんでも無理なくなじんでくれます。これまでは白シャツや白カットソーを入れていたところに、このストライプシャツを投入してみてください。いとも簡単に、脱・地味、洗練度アップを叶えてくれるはずです。

黒のリブパンツとのシンプルコーデもシャツがストライプだと少し華やぎが。**シャツ・パンツ／ユニクロ　エスパドリーユ／GU**

## ② Denim Jacket

# Gジャンはアウトにもインにも

**ユニクロ　デニムジャケット**

コンパクトシルエットながら、ストレッチが利いているので窮屈なストレス感はなし。こちらは古着を思わせる色落ちしたブルーが絶妙。小さめの襟は立たせてもきれいで、着丈も程よい。3990円（税抜）とは思えない名品。

### 黒白＆ドレスコーデの頼もしい差しアイテム

ここのところ**復活アイテムとして、トレンド的に注目されているGジャン**。何度もリバイバルしているアイテムだけに、すでに持っているという方もいると思います。かなりのロングセラーアイテムですから古着にも良品があるのですが、**注意すべきは「素材」と「シルエット」です**。

Gジャンによく使われるインディゴデニムはカジュアル好きの日本人が好む素材のひとつ。だからこそ程度の差こそあれ、「皆、ある程度目が肥えている」ものなのです。ウールやレザーの品質の差はぱっと見ではわからない人も、デニムに関しては「これは安っぽい色合いだな」と勘づきやすいもの。**幅広く普及している素材のアイテムだからこそ「安さをごまかすのが難しい」のがインディゴデニムなのです。**

でもユニクロがまたもや逸品をリリースしました。ユニクロが以前リリースしたデニムの中には「正直素材がイマイチ」なものもあったのですが、このGジャンは大当たり。さすがデニム生地ブランドの老舗「カイハラ」の素材を使ったデニムパンツを格安で提供し、マニアを卒倒させたユニクロ。こちらのGジャンも強いストレッチ力を持ちながら、安っぽさ皆無のデニムでできています。

Gジャンをカッコよく着るには**ダボッとしたオーバーサイズのものではなく「キュッと細身のデザイン」**を選んでいただきたいのですが、このGジャンはそちらの条件もすべてクリアしています。ウエストまわりのフィット感、細身の袖、腰まわりを隠して脚長に見せる絶妙の丈感で文句なしにオススメです。ちなみに私はいつものMサイズから1サイズ下げたSにして、さらにコンパクトに着るようにしています。ルーズなビッグシルエットのGジャンではカジュアル度が増してしまいますから、なるべく身体にフィットするものを選ぶのです。

色は濃いめのブルーと薄いブルー、どちらもいいのですが、使い勝手を考えると、大人っぽい濃いほうが便利でしょう。

また、**Gジャンは羽織るだけでなく、秋冬のロングコートのインナー用としても使えます。**ロング丈のチェスターのインにインディゴのGジャンを合わせてあげると、暖かいだけでなく、ちらっと襟元からのぞくインディゴブルーが、さわやかなアクセントにもなりますよ。

黒白コーデに羽織るだけで、サマになる。**Gジャン・Tシャツ・パンツ・スリッポン／ユニクロ　クラッチ／カルヴェン**

# ビッグシルエットを味方にしよう！

## ③ Big Silhouette Knit

**GU ミラノリブクルーネックセーター**

しっかりとした編み地が特徴のミラノリブニット。目の詰んだ重みのある素材感だが、コットンのなめらかな風合いが心地よい。ほどよく肩の落ちるドロップショルダーで、自然なボリュームのあるシルエットに。

### 体型カバーに優れるシンプルニット

買い足しアイテムの3つめがこちら。一見ただの黒い半袖トップスに見えますよね。これ、実は若干ビッグサイズのトップスなんです。

ビッグサイズのトップスを投入する目的とは何でしょう？　**それは第一に体型隠しです。**お腹がポッコリしている人はジャストサイズを着るとどうしてもお腹まわりにムチッとシワがよってしまい、よけい太っている印象になってしまいます。こうした服のシワは太っていることを強調してしまうディテールなのです。つまり、ビッグサイズのトップスを体型カバー目的に投入するということは、**「身体が入る大きな服を選ぶ」のではなく「シワを出さないようにする」ということ**です。

女子のみなさんはビッグサイズの着方が上手です。「体型を隠す」「体型をよく見せる」ということ

お腹や腰まわりの気になる人でもさりげなくカバーしてくれるシルエット。**ニット／GU　デニム／ラウンジリザード　サンダル／Amb**

にかけては、我々男性よりもはるかに強い欲求を持っているからです。

**ビッグサイズのシルエットはカジュアルな着こなしに入るもの**です。ドレスの代表、スーツは基本細身なわけですから、真逆のシルエットであるビッグサイズはカジュアルになるわけですね。なので、アイテム選びに気をつける要素があります。プリントのついたビッグTシャツなんてもってのほか。

そこでこのニットです。スーツのインナーとしても使用されるニットは、カットソーなどと比べてドレスなアイテム。Tシャツ1枚よりニット1枚のほうが誰もが大人っぽい印象を持つはずです。感覚的にもここは理解できると思います。つまり「**ビッグサイズの無地ニット」ならドレスとカジュアルの中間にあるアイテム**……ハイブリッドアイテムと言えるでしょう。そこに例えば「黒」「ダークトーン」「装飾のないシンプルデザイン」などのドレス要素が加われば、アイテムのドレス：カジュアルは、黄金バランスの7：3程度になります。

15ページでも述べたように、体型をきれいに見せるシルエットは「I」「A」「Y」ラインの3種類。**こうしたニットがあれば、合わせるボトムスを細身にするだけで、Yラインのシルエットがいとも簡単につくれてしまいます。**体型に難あり、コンプレックスが気になる人は重宝すること間違いなしのアイテムですよ。

Long Cardigan

# ロング丈のカーディガンは毎日コーデの名脇役

**ユニクロ WOMEN リネンブレンドストールカーディガン**

ドレープのある上品な落ち感を楽しめるストール風のレディースのカーディガン。リネンがブレンドされた素材はライトで上品な風合いと軽やかな着心地を実現。長すぎない丈感のおかげで男性も難なく着られる。

## 羽織るだけでサマになるドレスライクさ

季節の変わり目の羽織りものの代表選手といえば、「カーディガン」。1枚あると防寒的にもコーディネート的にも非常に重宝するのですが、実はパーカと同様、**「大学生の定番着」などと揶揄されることも多いアイテム。**ですが、それを大人っぽくドレス寄りに見せる方法はもちろんあります。

もちろんスタンダードなカーディガンをきれいめに着こなす方法もあるのですが、慣れないうちは「着こなし法」と言われても上手くできているか心配なもの。街に出てみたものの、本当に自分の着こなしが正しいのか、オシャレに見えているのか、もしかしたら変な風に見られているんじゃないか、とついつい心配してしまうものです。

いっそできることなら**「これならテキトーに着て**

**もそれなりにサマになるから大丈夫**」という1枚を手に入れるほうが、安心かつ安全。そしてそのためには「**ドレス要素**」**が入ったカーディガンを選ぶのが正解**です。

こちらは**ユニクロのレディースのロングカーディガン**です。まず、なぜロング丈を選ぶのか。丈が長いとコートに近いバランスとなって、普通のカーディガンよりは、ドレス要素が強くなるのです。そして素材もリネン（麻）が入っているため、サラリと軽い羽織り心地に加え、シルエットにもリネンならではの軽やかさが出て、さらにドレスライクなアイテムとなっています。

また、こういった**ちょっとオシャレ感のあるカーディガンは、脇役として他のアイテムを引き立ててくれるメリット**もあるんです。まさにさらっと羽織るだけでいいので、いつものコーディネートに、ぐっとまた新鮮な印象をつくってくれます。

個性的な柄シャツに羽織ればコーデが締まる。**カーディガン・パンツ・スリッポン／ユニクロ　シャツ／H&M　クラッチ／アニアリ**

ただ、残念ながらこうした丈のカーディガンはメンズものにはなかなかないもので……ぜひレディースも見てみてください。こちらはユニクロのレディースのMサイズですが、身長１７５ｃｍの私でも難なく着られます。

**最近の洋服はサイズ感やユニセックスにとらわれることなく、選べるものがあります。**それについては１６０ページで詳しく解説していますが、ぜひ先入観にとらわれることなく、レディースアイテムもチェックし、実際にトライしてみてください。

# ニットキャップはカジュアルの司令塔

⑤
Knit Cap

**ラカル　スタンダードニットキャップ**

ウール混のリブ編みのニット帽。深すぎず浅すぎずのフォルムが絶妙で、帽子の存在感を感じさせすぎることなく、頭にちょうどいいバランスでのっかってくれる。価格も約4000円という手頃さ。

## ドレスアイテムのカジュアル化に頭のてっぺんでひと役

**頭のてっぺんである「帽子」と足の先である「靴」は「ドレスとカジュアルの司令塔」**だと、とらえてください。

靴は「3首」でいえば「足首」の先に位置するものであり目立つもの。帽子はいちばん目立つてっぺんの位置に来るアイテム。よってこの「目立つ2トップ」である2つの小物は重要度MAX。この2つで全体の印象を激変させることができます。

スタメンアイテムではドレス寄りにシフトする司令塔の帽子としてハットをオススメしましたが、ここでは、反対のカジュアル寄りにシフトする帽子としてニットキャップをオススメします。

**全身ドレスライクなスタイルにしたら帽子と靴をカジュアルに。**

**全身カジュアルライクなスタイルにしたら帽子と**

**靴をドレスに。**

これ、本当に楽ちんなコーディネート法なのでぜひ覚えてください。これだけでバランスがある程度成立して、大失敗はしなくなります。

ぶっちゃけニットキャップは高いものでなくともＯＫです。手頃な値段で良品がいくつも出ていますから2〜4千円も出せば満足できるものが手に入ります。ただし**ニットキャップはかぶり方がポイント**です。目深にかぶってしまうといかにも気合が入って「帽子かぶってます!!」と、装飾感を強く印象づけてしまいます。

おでこを少し出すくらいにして、あまり深くかぶらないこと。そうすることで本来必要としない帽子を「自然」に感じさせてくれます。気合が入った不審者のような目深なかぶり方は避けましょう。で、そうするとあまりにも浅いニットキャップではすぐに頭から落ちてしまいます。かといって深すぎても先が余りすぎて「コンドーム」みたいになっちゃうので……程よい深さが肝心。

このラカルのニットキャップはちょうどいい具合の深さで、浅くかぶっても頭から落ちにくいでしょう。色もたくさん揃っているので、悪目立ちさせたくないなら黒。モノトーンコーデの＋1色としての差し色にするならこんなオレンジのようなビビッドカラーも冬は特にオススメです。

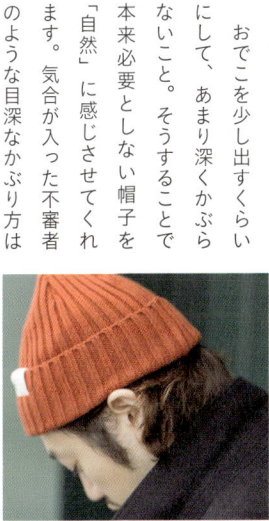

冬のダークトーンコーデの差し色に。**ニット帽／ラカル　コート・ボーダーT・パンツ／ユニクロ　スニーカー／アディダス**

⑥ Glasses

# 雰囲気イケメンになりたいならば……

**ユニクロ　スクエアクリアサングラス**

シンプルで細めのウェリントンタイプのメガネは、日本人の低い鼻根でのっぺりとした顔つきにもバッチリフィット。フレームもとても1500円（税抜）には見えないクオリティ。明るめの茶も肌なじみがよくて◎。

## 顔立ちそのものの印象を激変させる

例えば人と話すときは顔を見るし、合コンでも仕事の打合せでも相手の顔は見ますよね。では、**そもそも顔にコンプレックスのない人っているんでしょうか。**私自身は、鼻っぱしらが低いし、目は二重だけど小さいし、二重あご気味だし……とにかくコンプレックスだらけ。吉川晃司と布袋寅泰です。

そんな**コンプレックスな私の友達は「メガネと帽子」。**この2つを活用できていない人は人生20％くらい損しているんじゃないかと思うくらい有効です。

特にメガネは顔立ちそのものの印象を変えてくれます。かけると顔の大半を隠してくれますから、目の大きさもわかりにくくなりますし、顔の輪郭なども目立ちにくくなります。このようにメガネによって「顔の印象」はかなり変えられます。

**なんとなくカッコよく見える「雰囲気イケメン」どころか、「イケメン」印象にまで変えられる可能

全身引きで見るとなんかカッコよさげな人がいる？　的なイメージ。**メガネ・ボーダーT・パンツ／ユニクロ　スニーカー／アディダス**

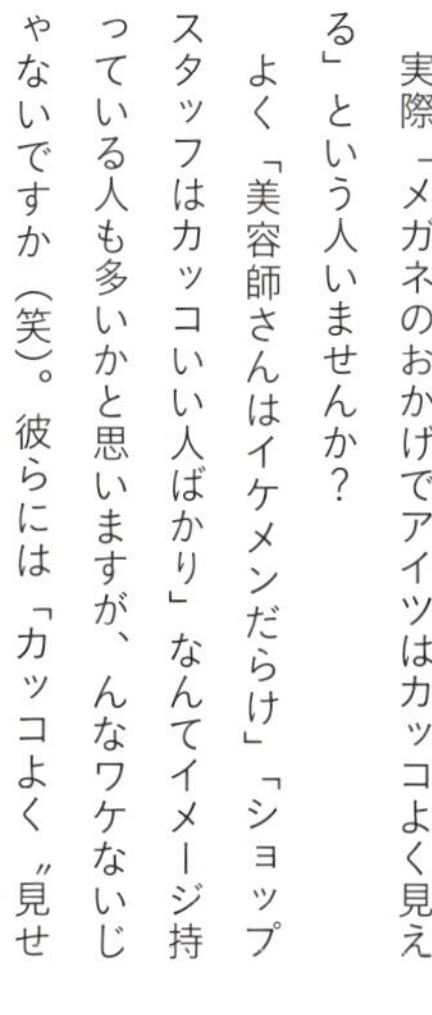

**性を備えている**のです。

　実際「メガネのおかげでアイツはカッコよく見える」という人いませんか？

　よく「美容師さんはイケメンだらけ」「ショップスタッフはカッコいい人ばかり」なんてイメージ持っている人も多いかと思いますが、んなワケないじゃないですか（笑）。彼らには「カッコよく〝見せる〟技術」があるだけです。だから多いんです、メガネ愛好者。顔の印象をてっとり早く変えたいなら、メガネを使うのがいちばんです。

　そのためのメガネですが、違和感なくメガネを楽しめるよう、顔なじみのいいタイプを選びましょう。**最初は黒ぶちではなく茶系フレームを選ぶことをオススメします。**肌の色に近く顔なじみがよく、メガネによる違和感を軽減できるからです。

　また、型も細いフレーム、小さいレンズを選ぶと違和感を覚えにくいはずです。「顔の色」と「黒」は大きく離れた色彩です。ですから目立つ黒太フレームなどを選んでしまうと、しっくりこない感じを覚える人も少なくないでしょう。

　**違和感なく使えるメガネとしてオススメなのがユニクロ**のこちら。私も超愛用している逸品で、顔なじみがいいけれど、顔の印象を理知的に変えてくれる、まさに「**雰囲気イケメン**」**アイテム**です。

## Column 1

# 先入観を捨ててほしい 1
# 男が着る「レディースアイテム」

男性が「レディースアイテム」を着てはいけないなんてルールはありません。レディースものでも使えるものがあればガンガン取り入れるべきです。本書で紹介した84ページのMA-1、ミラノリブパンツや154ページのロングカーディガンなども、実はレディースアイテム。どれも実際かなり使えます。

レディース服のメリットにメンズに比べて圧倒的に市場が大きいため、価格が安いというものがあります。商品は基本的にたくさん作れば作るほど単価が安くなるものですから。このおトク感を見逃さない手はありません。洋服だけでなく、ストールやアクセサリーなどの小物類もすべてユニセックスでとらえて、いいものがあればぜひ投入してください。

ただし注意点も少し。レディースのパンツは基本的にお尻はゆったりと、反対に股間まわりはタイトになっていることが多いものです。ユニクロのジョガーパンツやドレープイージーパンツなど、男性の体型でも無理のないリラックス感のあるデザインのものを選ぶのが正解です。

Column 2

# 先入観を捨ててほしい 2
# 「自分のサイズ」はひとつじゃない

ファッション誌などでは「大事なのは自分の身体に合ったサイズを選ぶこと」とよくありますが、これは誤りです。オシャレな人であればあるほど、「サイズ」という固定観念を無視しています。大事なのは身体に合う、合わないだけでなく、自分がどんなシルエットをつくりたいのか、どんなコーディネートをしたいのかに応じて自由にサイズを選ぶこと。「大きめに着たい」と思ったら遠慮なくXLを選べばいい。「細めに着たい」と思ったら小さいサイズを選べばいいのです。「ユニクロではいつもMサイズ」という友人のスタイリングをしたとき、私はコートはSを、インナーのカットソーはLを選びました。もちろんでたらめに選んでいるのではありません。コートはなるべくドレス感が強く出るように限界までタイトに、インナーは着丈を長めにして腰位置を隠し脚長に見せるためにあえてLを選んだのです。

自分の好きなように、思うままに、サイズは自由に調節していいのです。それだけでオシャレの選択肢は数倍に広がります。

MB's Coordinate School

# 3rd Lesson

洋服でコンプレックスはなくせる！

# 男の体型カバーのための10テクニック

# Dressing Technique 10

## 体型をカバーする 10 テクニック

ごく稀に100%自己満足でオシャレを実践している人もいますが、基本的にはオシャレは「他人からどう見られるか」を意識して構築するものです。だからこそオシャレになるためには「客観的な視点」を意識しなくてはいけません。いかにオシャレな組み合わせを実現したとしても、実際に着用したときにそれが「客観的にカッコよく」感じられなければ意味がないのです。とはいえ、胴長短足大顔の宿命を持つ日本男子。外国人モデルのようにはうまくいかないもの。ですが、体型の悩みがある人がオシャレな組み合わせを実現するために、「カッコいい体型に見せる」テクニックというものは確実に存在します。

ここではそのためにできる小さいけれど効果絶大の10のテクニックを教えます。

# 「ロールアップ」がもたらす簡単・確実な「効果」とは？

ロールアップすることで足首が見えスッキリとした印象に。色気を出すなら素足がいいが、ソックスを履いているときにももちろん応用可能。折り幅は細めにとり、「くるぶし」もしくは「くるぶしの少し上」あたりまで折るのがベスト

tec.1
脚細テク①

## 裾をまくることで足元がスッキリ見える

ここ数年、男女問わず、ほぼ定番になっているといっていいほど**「パンツの裾をロールアップする着こなし」が流行っています。**ファッションの理論を詳しく知らなくても、「何となくそのほうがカッコよく見える」「こなれ感が出て垢抜ける気がする」と感じているから、みなそうするのでしょう。流行には必ずもてはやされる理由があり、理由のないものはそこまでは流行らないものです。

では、ロールアップがくれる**メリットとは？ それは「細身でスッキリ見える」ということ。**試しに手持ちのフルレングスのパンツをはいて鏡の前に立ち、裾を1〜2折りして足首を出してみてください。それだけでスッキリと細い印象になるはずです。

**膝から裾にかけてグーッと細くなるパンツのシル**

**エットを「テーパード」**といいます。このシルエットはスキニーパンツ同様、下半身をスッキリきれいに見せる効果があるのでテク②のようにお直しするのも手ですが、仮にテーパードでないパンツであっても、ロールアップすることで同様の印象をつくれるのです。これは「3首」の法則（17ページ）にも通じるのですが、裾をまくって脚のもっとも細い部分である足首を露出させることで、テーパードのようなすっきりシルエットに見せられるのです。

そもそも**脚長に見せたいのであれば、「パンツと靴を同色にすること」**で、「パンツと靴の境界線」をわからなくしてしまうテクニックが有効です。もうひとつ、**パンツの「クッション（裾のもたつき）」がないことも重要な脚長要素**となります。クッションがあると足元にボリューム感が出て、そこに視線を集めてしまい、パンツと靴の境界線を強調する結果になります。

ロールアップ自体にこうした脚長効果はないですが、クッションの出てしまうパンツをスッキリしたシルエットに調整したり、フルレングスのパンツに同色の靴下、靴を合わせるのは暑苦しい季節にもスッキリと細い印象に仕上げることができるので、覚えていて損はないでしょう。

「どれくらい裾を折ればいいですか？」という質問もよくいただきます。コーディネートによって調整は必要ですが、基本は裾のエッジがくるぶしにあたるくらい、と思ってください。

ちょっと太くて野暮ったいなあと思うパンツがあれば、洋服のお直し屋さんで裾幅を1cm詰めてもらうだけで、グッと垢抜けたテーパードシルエットに

# 胴長短足を回避する
# アウターとインナーの関係性

インナーが短いと脚の始まりが明確にさらされ、実力どおりの脚の長さが明らかに

コートに長めのインナーを入れるとウエスト位置がよくわからなくなり結果腰高に見える

## 短すぎるインナーは短足をアピールするだけ

ここでお話ししたいのは、**アウターとインナーとの合わせが生み出す体型カバー効果**についてです。

新しいアウターを買ってみたけど、なんだかしっくりこない……自分にはやっぱり無理だったのか？　まさか似合わない？　なんて思った経験はありませんか？

これまでにも「揃えるべきはボトムスから」「ボトムスと靴は同色で下半身をまとめるべき」と提案してきましたが、これさえ守れば、たいていのトップスは着こなせてしまうものです。ですがこれがアウターとなると、ボトムスとの関係性に加え、インナーとの合わせも関わってきます。どんなアウターでも、コーディネート的には白シャツやシンプルなカットソーをインに入れれば、まず間違いはないはずです。それでもなんとなくサマにならないとしたら、**アウターとインナーの着丈のバランスが問題**なのです。

ズバリ、**インナーの着丈が短すぎると失敗します**。右ページの2枚の写真を見比べてみてください。インナーの着丈が長い右のほうが、すっきりと脚が長く、腰高な印象を受けるはずです。

この視覚効果は2つあります。1つはインナーの着丈が長いとウエスト位置が曖昧になって、どこから胴でどこから脚なのかよくわからなくなります。92ページのカットソーの項でも話しましたが、人は見えない部分はこうあってほしいという理想を想像してしまう生き物。なので、**着丈の長いインナーの場合、見る人はウエスト位置を自然と高めに想像してくれる**のです。逆に左のようにインナーの着丈が短いとウエストと股下の位置が明確にわかってしまい、胴長短足が明るみに出てしまうのです。

2つめはアウターの丈を短く見せる対比効果。アウターの丈が短く見えればパッと見に「胴も短い」と錯覚させることができ、結果、スタイルよく見えるのです。

また、写真のようなロングコートではなく、ショート丈のアウターを着たときにも、多くの人はインナーも短い着丈のものを選んでしまいますが、それも「脚長効果」においては間違いです。その組み合わせだと必要以上にウエストの位置が強調されてしまいます。**ショート丈のアウターで胴長短足をカバーするには、インナーの着丈をアウターよりも少し長く、アウターの裾からのぞくくらいにする**必要があります。

それだけでこれまた脚がすっきりと長く、腰高に見える効果がありますので、ぜひこころがけてください。

# 気になる中年体型もカバーする最強「O」シルエット

長めのトップスで腰位置を隠して体型カバーしつつ、テーパードパンツで下半身の細身シルエットはキープ

## 下半身にお悩みありなら取り入れるべきOライン

「中年体型でパンツがサマになりません」「もともとスポーツ体型でももが太く、スキニーデニムがはけないのですが……」

そんな切実な問い合わせをいただくことがあります。

でも大丈夫。日本人にぴったりの新しいシルエットがあります。ルール2（15ページ）でも述べたように、身体のラインをきれいに見せる基本のシルエットは「I」「A」「Y」ラインの3つ。この3つのシルエットは体型をきれいに見せてくれますが、どうしてもぶつかる「細身パンツ」の問題というのが存在します。Iライン、Yラインともにパンツは細身がセオリー。でも中年体型やももの太いスポーツ体型で、どうしても細身のスキニーが苦手という人もいるでしょう。だからといって下半身がゆったりめのAラインは、カジュアルに転びがちで、オシャレ初心者にはちと難しめ。

そこで**提唱するのが「O」ラインシルエット**です。「O」ラインシルエットとはもともと存在する名称ではありません。私が勝手に名前をつけたものですが……ただ、テーパードパンツがトレンドの今、多くのオシャレさんが自然に実践しているシルエットなのです。トップスは細身、というよりは少しゆるめ。その無理のない細さは、究極のシンプルファッション「ノームコア」トレンドの影響を思わせます。

右ページの写真のように、**トップスは「ややゆるめ」「やや細め」くらいの形に仕上げ、ボトムスは裾が細くなった「テーパードシルエット」のパンツ**。全体で見ると、**卵のようにO型にまるくかわいらしいスタイル**に落ち着きます。

そもそも**「テーパードパンツ」は「腰やももまわりはゆったりだけど、裾だけスキニーのように細め」**というシルエットが特徴。「腰まわりがゆったりしてはき心地も良いし、腰の位置もわかりにくくなるから脚長に見える」「ももまわりは太いわりにスキニー同様に細くスッキリ見える」と評判で、今や中年体型、スポーツ体型の救世主となっているアイテムです。それを土台のボトムスとしつつ、こなれたオシャレなノームコアの雰囲気も持ち、胴長短足の体型隠しも可能、といいことずくめの「O」ラインシルエット。未体験の方はぜひ試してみてください。

**自分の身体じゃないみたいにスッキリときれいに見えるはずです。**

# 細く見せたければ「太い袖」。太く見せたければ「細い袖」

シャツの袖をまくるときは、いったん肘のあたりまで一気にまくりあげ（右）、まくった裾をもう一度折り返す（中）。ほどよいシワのニュアンスが生まれ、こなれた雰囲気になる

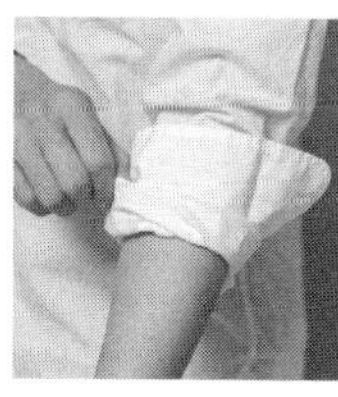

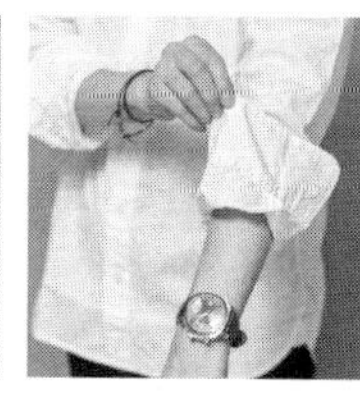

## 袖の太さとデザインにこだわりたい

「3首」の項（17ページ）でも述べたように、**洋服の印象は先端で決まります。**

もしもトップスがどうもしっくりこない、と思ったときは、**袖（先端）をまくってみましょう。**春秋のシャツスタイルでは私はほとんど袖をまくって手首を出しています。「3首」でも指摘したとおり、腕の中でももっとも細い部分である手首を出すことで色気が加味される効果もあります。

また、こんな風に袖をまくることで、不思議と身幅の広さや肩幅の広さも気にならなくなり、**上半身の印象が全体的にコンパクトに落ち着く**のです。上半身がどうももったりしがちな体型の人には、ぜひ取り入れてほしい「袖まくり」です。もちろん寒い時期に無理してまくっていると不自然ですので、そこは時期を考えてください。

反対に上半身が貧弱だとどうも着こなしが難しい

のがTシャツ。Tシャツ1枚でもサマになるたくましい欧米人のみなさん、うらやましいですよね。

しかし、ご安心を。**腕まわりをたくましく見せるTシャツの視覚効果というものが存在**します。

Tシャツの項でも述べた、女子高生がルーズソックスを履くのと同じような視覚効果です。あれは、ドカッと太いルーズソックスを履くことで、「対比効果」で脚を細く見せています。袖も同じです。

**腕まわりを細く見せたければ「太い袖」。**

**腕まわりを太く見せたければ「細い袖」。**

下写真で着ているユニクロのスーピマコットンのTシャツ（60ページでも紹介）は袖が短めで、日本人の華奢な体型でもハリウッドスターの腕まわりのようにたくましく見せてくれます。ユニクロさん、何気にかなり考えてこのTシャツ作っているのでしょう。シルエットは抜群です。

実は、トップスのシルエットの良し悪しの多くは、「袖」で決まります。**いかに細身でスッキリとしたTシャツであっても、袖がルーズであればアンバランスに見えてしまいます。**

袖の短いTシャツを選びましょう。それだけで全体の印象がスッキリと大人っぽく見えるはずです。身幅も肩幅もとりあえず無視してOK。**まず袖が短いかどうかに着目して選んでみてください。**

tec.6
**腕まわりテク②**

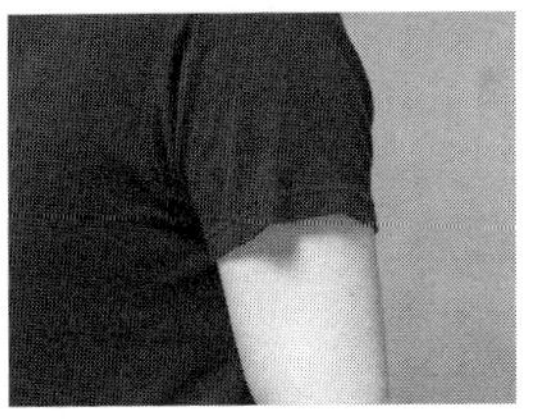

かなり短くタイトな袖のユニクロのスーピマT。腕まわりを実力以上にたくましく見せてくれ、上半身がカッコよくなる

# 最速で小顔になれる襟立て&ストール

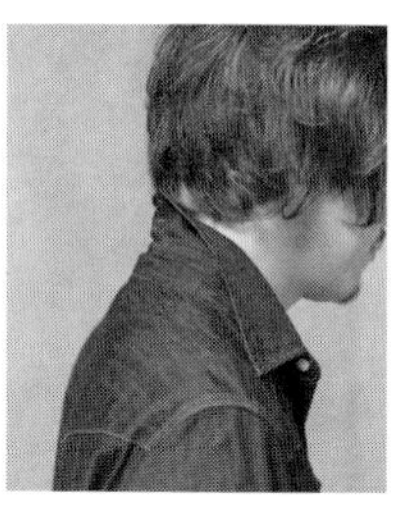

tec.7 小顔テク①

襟の後ろの中央部分をつまんでチョイと立たせるくらいで十分。シャツは襟が小さめのウェスタンシャツをチョイス。このさりげなさがメンズファッションの小技の成功のヒケツ

## 顔まわりで威力を発揮する2大テクニック

前半のパーカの項で、**顔の近くに何かあると小顔に見えるし、体型もきれいに見える**と言いました。この効果を小物や着こなしで取り入れるとしたら、夏場はシャツの襟立て、それ以外のシーズンはストールが適役です。

襟立ての効果としてはパーカ同様、顔まわりに布がくる分、小顔に見せてくれます。襟を立てると「なんとなくサマになる」「言語化はできないけどカッコいい」といった印象を抱く人も多いでしょう。ただし、何事も「やりすぎは禁物」なのがメンズファッションです。いかに自然で嘘くさくないか、がメンズファッションにおいては肝要です。もちろん襟立ても同じ。あまりにも大きな襟をビンビンに立たせてしまったら、着飾った印象となり、バブル

の香りプンプンになってしまいます。しかし**小さければ襟は立たせても違和感がありません。**「小さめの襟」に狙いを定めるといいでしょう。立て方も小さな襟があたかも自然に立ってしまったくらいに見せること。それでも十分な小顔効果は得られます。

そして**ストールは七難隠すアイテム**です。オシャレに自信のない人を一気に中級者まで底上げしてくれる超便利アイテム。**ストールのメリットはたくさんありますが、まずひとつは「体型隠し」**。ストールやマフラーなど顔まわりに何かあると、顔が小さく見えて体型がきれいに整って見えます。

また「**視線が首元に集まる**」**こともメリット**のひとつ。通常、視線は足元や袖先など、各部分に拡散されるものですが、ストールを巻くと首元にインパクトが生まれるため、視線を集めてくれます。するとボトムスやトップスの細部などに目がいかなくなり、多少「シルエットづくり」がテキトーでもそれなりに見えてしまうのです。「たいしてオシャレじゃないのにそれっぽく見える」状態がコレです。

これは鏡の前で試してみると一目瞭然です。何でもいいので自分の普段のスタイルで、首元にストールを巻いてみてください。なんだか急に「それっぽく」カッコよく見えてくるはずです。

### tec.8 小顔テク②

いちばん簡単なストールの巻き方がこちら。まず大判のストールをざっくり首にかける

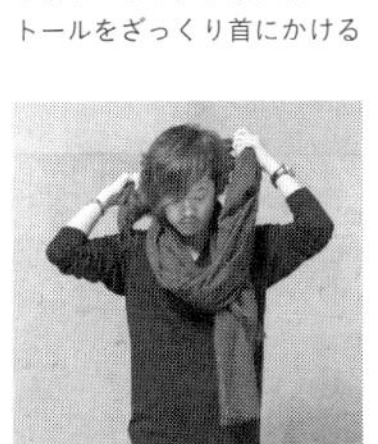

片方をくるりと首のまわりにひと巻きする。ふんわりと巻くのがポイント

反対側も同様に巻き、首まわりがきつくならないよう、少しゆるめて調整する

# 丈短ボトムスをはいたらソックスは見せるべからず

まるで素足にスリッポンをはいているかのように見えるインビジブルソックス。かかとの裏に滑り止めのゴムがついているものを選べば、靴の中でも脱げにくい

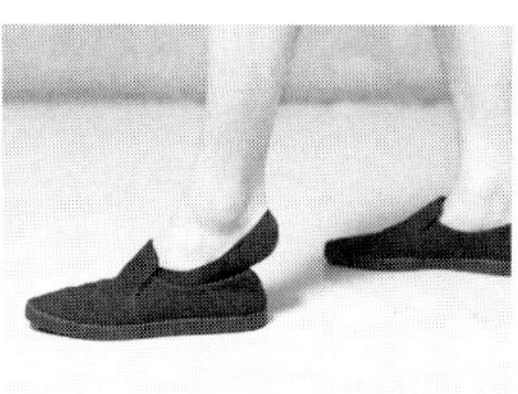

## インビジブルソックスをワードローブにイン

ソックスの正解がわからないという、お悩みの声もよくいただきます。「良し悪し」の基準がわかりにくいソックスは確かに迷うもの。例えばアウターやトップスならパッと見レベルでも「カッコイイ!」「ちょっと野暮ったい」などの判断ができるでしょう。

しかし**ソックスは難しい**……。たとえ気になる柄のソックスがあったとしても、「柄は気に入ったけど、これが本当にオシャレなんだろうか?」と、不安になってしまう気持ちもよくわかります。

でも、「タッキー(悪趣味)」とい

われる、あえてシンプルの対極にあるような柄物を入れるファッションがトレンドとなっていたこともありましたし、ソックスで「遊ぶ」のは断然「アリ」だと思いますよ。ソックスは先端近くにあって、目立つ部分ではあるのですが、面積が小さいのでそこまで悪目立ちはしません。こうしたチラ見せソックスで、足元がこなれた表情になる、もっとも細い箇所である足首が目立ちキュッと細いシルエットが強調されるといったメリットもあるのです。

ただし「**とにかくスタイルをよく見せたい**」の**であれば、ソックスは「パンツと靴と同じ色を選ぶ」こと。**つま先までの下半身の境界線がぼけるので「やたらと脚が長い人」に見え、スタイルアップ効果は抜群です。

しかし今やメンズ市場のトレンドに「丈短パンツ」があります。**短めパンツ、ショーツをはいたときのソックスはどうするのか？**　ここではそこを解決しましょう。

オススメは、「**素足風**」**に見せることができる「インビジブルソックス」を選ぶことです。**特に子供っぽくなりがちなショーツにおいては、**脚を長く見せたい＝素肌の面積をなるべく長く見せたい＝靴下が見えてしまってはソン、という理屈**ですね。涙ぐましいかもしれませんが……とにかく日本人の脚の短さをカバーするために靴のギリギリのラインまで脚が露出した状態をつくるのです。ショート丈のソックスは色々ありますが、チラリとでも靴から靴下がはみ出ないことが、ショーツスタイルをきれいにキメるコツなのです。

まずは「基本」として丈短ボトムスのときはソックスは見せないように、としてしまいましょう。インビジブルソックスは、ユニクロでもしまむらでも安価で手に入ります。ぜひ、ワードローブの中に取り入れてください。

# 「ウエストがゴムのパンツ」はラクちんなだけじゃない！

tec.10
お腹テク

ウエストの後ろだけがゴムになったテーパードシルエットのパンツは気になる出っ腹をカバーしつつ、はいていてストレスもなし。トップスはゆったりめにまとめてYラインシルエットを構築

## ゆったりトップスと細身ボトムスのYラインで

**「お腹が出ているからスキニーパンツがはけない！」「そもそもデブだからオシャレできない！」**

そんな悩みも多いでしょう。かくいう私も30代半ば。中年太りが始まり、これを執筆中の現在、人生最高体重更新中です（涙）。

太っている人がサイズギリギリでスキニーをはくとどうしてもお尻やももまわりのパツパツ感が気になってしまいます。まあ、はきこむうちに伸びて形がなじみ、パツパツ感は軽減されるものですが……それでも本人としては、少々気になるところでしょう。

そんな人のための細いボトムスとして、テーパードシルエットのパンツを推奨しました（168ページ・「O」シルエット）。そして、そういったテーパードパンツの中でも、ここで紹介しているような**ウエストがゴムになっているパンツは、出っ腹のさらなる頼もしい味方**なのです。

「えぇ〜、ウエストがゴムだなんてオッサンかよ？」と思うかもしれませんが、案外今はトレンドアイテムで、若い方にも愛用者は多いのでご安心を。こちらは**ユニクロのスマートスタイルパンツ**ですが、後ろ半分だけがゴムになっているので、お腹まわりが本当にラクです。でもフロントは通常の仕立てなので、全ゴムのパンツみたいにウエストまわりがもったりすることもありません。もちろん膝下はキュッと絞られたテーパードになっていて、素材はウールでドレスライク。めちゃめちゃ使えます。

こうしたパンツで腹を隠しつつ、細身の足元をつくったら、それをさらに強調しましょう。**トップスにボリュームのあるものを持ってくるのです。**「太っているから細身に見えるアウターを！」と思い、みなさん、ややコンパクトなシルエットのモノを選びがちですが、逆です。**トップスはやや着丈が長く、ボリュームを感じるものを選ぶのが吉**です。そうすると下半身のテーパードシルエットが際立ち、さらに細身に感じさせてくれます。また、上半身がすっぽりと隠れてしまうので、お腹の出っぱりやムチッとした身体つきなども隠せます。いわゆる典型的な「Y」ラインシルエットですね。

トップスにボリュームをつけて上半身を隠し、さらにボトムスは下へとシャープにすることで、上下のシルエット差で脚が際立って細く見える……結果としてお腹まわりをカバーするだけでなく、身体全体が均整のとれたバランスに見える、といううれしい効果が得られるというわけです。

MB's Coordinate School

# 4th Lesson

ファッションはお金でもセンスでもない

# オシャレがますます楽しく簡単になる5つのロジック

1 全身ファスト
ファッションでも
オシャレは
できるのか?

2

セールと通販は
男のオシャレの
味方なのか?

3 恥ずかしいけど
知りたい、
モテコーデのこと

4

男の
ファッションで
やってはいけないこと

5

究極のドレス、
スーツについて
語ります

Logic 1

# 全身ファストファッションでもオシャレはできるのか?

## ベーシックが得意なユニクロを着こなしのメインにすえてみる

最初に結論。できます。まず**ぶっちゃけ、全身ファストファッション、全身ユニクロでもオシャレはできます。**

ではどんなブランドのどのアイテムを選べばオシャレに見えるのか?

同じような格安ブランドでも、**H&MやZARAなどが「行くたびに商品が変わる」という激しい入れ替え戦略を行っている、まさに〝ファスト〟ファッション**であれば、**ユニクロや無印良品などは同じ商品を長い期間売り続ける。むしろ〝スロー〟ファッション**な戦略をとっています。

前者のように驚異的な開発期間の短さで「ファスト」ファッション主義を貫いているブランドは、それだけにトレンドをいち早くおさえ、市場が求める洋服を、求めている時期に届けることができる。それが強みです。反面、「Ｈ＆Ｍはペラペラの素材ばかり」「ＺＡＲＡはカッコイイけど長く着られない」なんて声もよく聞きますが、そんなのは「ファスト」ファッションなので当然。商品開発も「今が旬のものを手頃な価格で素早く提供する」ということを重視していますから。「なんとなく今っぽい」ものは提供できたとしても、長く愛用できるベーシックアイテムには構造的に成り得ないのです。

反対に**ユニクロと無印良品は、一つの型にかける労力と時間はそこらへんのデザイナーズブランドよりもはるかに上**です。ユニクロの場合は一つのアイテムを作る際に下手すると１００個以上のサンプルを作ることもあるそうです。多分、今の日本にユニクロと無印以上に商品開発に時間と手間をかけているブランドは存在しません。

特にユニクロが理想としている商品は、「低価格・高品質」「どんなスタイルにも部品として合わせて着ることのできるベーシックカジュアル」という理念に基づいています。結果、ユニクロは、フリースのような毎年数千万枚単位で販売ができているる超ロングヒット商品を生み出しました。「デニム」しかり、「カシミヤニット」しかりです。

それではメンズのファストファッションにおいては、H＆Mのような「トレンドアイテム」を重視すべきなのか？　ユニクロのような「ベーシックアイテム」を重視すべきなのか？　これはもちろん「どちらも大事」というのが一つの答えではあるのですが……。どちらかといえば「ベーシックアイテム」が重要です。**メンズファッションはレディースに比べて、コンサバティブ（保守的）です。**使うアイテムの数も種類もレディースよりもグッと少ない（スカートとかないしね）。流行はもちろんありますが、「白シャツ×スキニー」「ジャケット×デニム」などの基本スタイルは毎年実はほとんど変わりません。流行をガンガン追いかけたスタイルももちろんカッコいいですが、**ベーシックなアイテムの中に、適度に流行のアイテム**

**を1点2点取り入れる……そんな着こなしで十分すぎるほどオシャレが成立**するのがメンズファッションなのです。

なのでユニクロをメインにすえても十分オシャレは成立します。

ただし、**ユニクロもいい面ばかりではありません。「万人が満足できる服」を目指すだけに「形が惜しい」ものが多い**のです。デザインも素材もよくても、おじさんも中学生も着ることができる形に仕上げなくてはいけないので、肩幅や身幅が少しゆるめだったり。「いかにもユニクロ」といった無難な形に落ち着くことも多いのです。そこで、注目してほしいのがユニクロの「大型店舗限定商品」。これは大型店だけに、さまざまなニーズを持った客層が来店することを意図して導入したファッション感度の高いアイテムです。過去には世界的なトップデザイナー、ジル・サンダーとのコラボライン「+J」シリーズの中にもこの大型店舗限定商品などがありました。ファッション業界の人にも「あれ？　ユニクロなのにいいじゃん」と思わせるような仕掛け商品が展開されています。こうしたアイテムと組み合わせてみるのも、賢い着こなしといえるでしょう。

Logic 2

# セールと通販は男のオシャレの味方なのか？

## そのメリットさえわかれば、このうえない味方です

「**セールでばかり買う人にオシャレな人はいません**」。

セール品というのは所詮「売れ残り」でしかありません。販売期間中に誰にも選ばれず、さばききれなかったアイテムなのです。そうしたレベルも在庫もイマイチなラインナップの中から欲しいものを探すわけですが……。

「1サイズ大きいけど安いし買っておくか」「こういうのあると便利だから買っておくか」……そこには妥協がつきものです。そう、いつのまにか「オシャレになる」ことではなく「おトクに安く買う」に目的がすりかわってしまうのはセールの

大きな落とし穴なんです。

いいですか。**オシャレになりたいなら、セールで妥協して買うのは絶対にやめてください。**もしもセールで3点買うなら、そのお金でオンシーズンに欲しいものを1点購入したほうが、後々役に立ちます。

それでも定価より安く買える、ということが魅力的であることも理解できますので(笑)。どうしてもセールに行くなら、なるべく早く行くこと。アイテムの種類やサイズの在庫もまだ豊富なので、狙っていたものが残っていたり、掘り出し物に出会える可能性もあがります。**セールの鉄則は「買えるもの」ではなく「買うべきもの」を選ぶこと**にあります。「在庫があって買えるから」といって手を出すと失敗します。「自分が買うべきもの」を見定めて選びましょう。

そしてセールでは「買ってはいけないアイテム」というものも、もちろんあります。それはアウター類。「絶対ダメ」とまでは言いませんが多分来年ほとんど着ないままに終わるでしょう。洋服にはトレンドがあるものです。メンズの場合はこのトレンドがレディースよりも随分影響薄め。定番アイテムが多く、着こなしでトレンドを表現する場合も多いです。しかしいくら影響が薄いといっても、やはり形は毎年毎年微妙に変わるものです。アウターの腰の絞りや着丈の長さなど微細な違いなどには、確かに「鮮度」と呼べるものが存在します。今見てカッコいいものが、来年もカッコいいとは限らないのです。ただし!! 目利きができる人なら話は別です。来年のトレンドを熟知していたり、毎年のトレンドの揺らぎの傾向などを把握していれば、「これはむしろ来年のほうがオシャレになる」なんてモノも見つけることができるわけです。ただ、それはかなりハードルが高いこと。カットソーやシャツなどの定番モノならまだしも、**トレンドを色濃く反映しやすいアウターなどはタブー**です。あまり安易に手を出さないほうがいいでしょう。

そして通販について。わざわざお店に出向く手間もなく、一度にたくさんのアイテムをカタログやウェブサイトでチェックできる大変便利なシステムです。でも、**通販の最大のデメリットは「試着ができない」こと。**渋々店頭まで出向いて商品をチェックして、通販で洋服を買う、なんて面倒なことをする人もいるくらいです。しかし、最近では返品可能な通販が一気に増え、あの大手通販サイトのＺＯＺＯＴＯＷＮまで「返品可能」なサービスを行っています。

そうです、**もう好きなだけ注文して家で試着しまくって気に入らないものは返品すればいいのです。**ガンガン頼んでガンガン試着して全部返品なんてことも可能なのです。これは洋服好きならずともありがたい。

「でも送料がかかるよね？」。確かにそうですが、お店まで行く交通費や労力と天秤にかけるとどうでしょう？　ちなみにＺＯＺＯＴＯＷＮは４９９９円、ユニクロは５千円以上購入した場合は送料無料です（返品する際の送料は自己負担ですが）。

もう店頭に行く理由はなくなったといっても、過言ではないでしょう。ショップスタッフの猛攻撃を避けながら店頭でうろうろと探す必要はなく、**家でじっくり欲しいものを吟味して注文して試着して返品を繰り返せば、本当に必要なものだけ手に入れることができます。**試着して一晩考える、なんてこともちろんＯＫ。

セールと通販、どちらも賢く利用すれば、オシャレの頼もしい味方といえます。

Logic 3

# 恥ずかしいけど知りたい、モテコーデのこと

## 知っておいてください、モテコーデの3法則

女性は古今東西「余裕ある人」を好みます。遠い昔から本能的には自分を守ってくれる人、狩りで獲物を獲ってきてくれる人が男性として評価が高いわけですから。現代にそれを置き換えれば「収入がある人」「社会的な地位がある人」となるわけです。いやらしい話ですが(笑)。もちろん「収入がないとモテない」とかそういう話ではありません。ならばそれを服装で表現すればいいという話です。

決して過度な装飾や高級な洋服ではありません。成金がモテるほど話は単純じゃないでしょう。**「余裕がある」**＝**「大人っぽい」スタイルをさりげなく表現**すれば

いいのです。そこで私が推奨する「**モテるためのコーディネート3法則**」がこちら。

**1「トップスに命をかけろ!!」**

これは合コンや飲み会での鉄則です。そうです、居酒屋やカフェで座って話す分には、ボトムスも靴も女の子からは見えないんです。「いや、外に出たときにわかんじゃん」と思うかもしれませんが、合コンが終わって外に出たときにはもう「勝負」はついていています。気にすることはありません。「**大人っぽい**」「**余裕のある**」**トップス**を着ましょう。それは「スーツの要素」を連想してもらえばOKです。大人っぽい服といえばスーツが象徴的。といってもバカ正直にスーツを着るのではなく、「スーツの要素」を使うのです。例えば白シャツ（これは鉄板！　48ページ参照）、ジャケット、ニットなどですね。こういったスーツに使う服、スーツの要素をカジュアルに入れ込んであげましょう。そして着席したら何よりも先に「**トップスの袖をまくる**」**ことをお忘れなく。**人間は直線的なものではなく曲線的なものに色気を感じやすいものなんです。手のもっとも細い部分である手首には「くびれ」が存在します。そこを露出することでグッと色気がプラスされるのです。

## 2「**赤を投入せよ!!**」

これはアメリカの大学で検証実験された有名な話。「どの色が異性にモテるのか」を検証したところ、服、髪、ピアスなどあらゆるケースの「色」のほぼすべてにおいて「赤」が有効であると実証されたのです。そして、男性は「赤を着ている女性」に対して性的な魅力を覚える、一方で**女性は「赤を着ている男性」に対して社会的地位が高いと認識する、と立証**されました。赤は強い色なので小さい面積であっても効果があるとのこと。何もど派手な赤のジャケットを選ばずとも、赤い小物でも十分です。例えばブレスレットなどぴったりでしょう。

## 3「**小物できっかけをつかめ!!**」

女性のファッションをほめるとき、服よりもストールや靴、バッグなど小物のほうがほめやすくはないですか？　それは自分と評価軸が同じものだからです。我々はワンピースを着ないし、スカートもはきません。だから評価軸がなく、その良し悪しの判断がしづらいのです。しかし同じように履くスニーカー、同じように巻くストールなどであれば話は別です。メンズとレディースの差がほぼ存在しないこれら小物は、評価軸が男女共に同じなのです。だからこそ**異性同士の場合は小物をほめるのです**。もう理解できたでしょう。女性ウケを狙うなら「小物」を意識することです。ストールやスニーカーなどであれば非常に楽です。「そのストールどこの？」「スニーカーかわいいね」と反応してくれます。デートのときにはそこから会話が生まれることもしばしばです。これ、めちゃくちゃ使えます。

これら「3法則」がすべての女の子にあてはまるわけではありません。あくまで確率論的な話ですから。**何より肝心なのは「あなた自身」の心構え**です。「俺は今モテ服を着ている」「カッコいい服を着ている」というあなた自身の「自信」です。「自信」は会話やしぐさや姿勢に大きく影響を及ぼします。その結果「落ち着いた余裕ある大人」な雰囲気をまとえることが、最大のメリットなのです。

Logic 4

# 男のファッションでやってはいけないこと

## 万人が見てNG、という法則もオシャレには存在する

　これまでに本書では「万人が見て〝あの人オシャレだな〟と思わせる」ために、大原則「ドレスとカジュアルのバランス」といったものから、脚を長く見せる方法、小顔なモデル体型に見せる方法、華奢だけど筋骨隆々に見せる方法など、いろいろなロジックを紹介してきました。しかし当然のことながら、「万人が見て〝あの人オシャレだな〟と思わせる」法則があるということは……「**万人が見て〝あの人イケてないな〟と思わせてしまう**」**法則も存在する**ということです。そんな失敗例、できることなら避けたいファッションのNG例を紹介します。

**その1「クロックスのサンダル」**

ファッション的に厳しいアイテムといっていいでしょう。丸っこいフォルムに穴の空いたデザイン、通気性抜群でしかも軽量、履き心地において右に出る者ナシではあるのですが、クロックスを履いてオシャレに見せることは、かなり難しい。もはや「コンビニに行くときのつっかけ」として認識されたクロックスを着こなして覆すのは「無理」と言っても過言じゃないでしょう。

どれだけきれいなパンツをはいて、どれだけきれいなサマーニットを合わせても、ドレスとカジュアルのバランスは成り立ちません。

**その2「裾幅に問題アリなクロップドパンツ」**

人気のアンクルカットやクロップドパンツで間違えがちなことがあります。それは裾幅です。裾幅が妙に広く余ってしまって、両端が「ピン!」と張っている人が驚くほど多いのです。こういった不自然な裾の広さを丈短のパンツでやってしまうと、必要以上に両脚の間の空間が目立ってしまい、「O脚」や「ガニ股」のように見せてしまいます。不格好であることは理屈立てせずとも明白です。

**その3「全身同じテイストで固めるのがいちばんオシャレだろ？」**

「全身同じブランドで固めよう！」「全身同じテイストで固めよう！」「全身モードスタイル！」……日本は洋服を着だした歴史がまだまだ浅いため、こうした特定カテゴリに頼りがち。ですが街で着るオシャレは「ミックス」が前提であり、特定のカテゴリに偏ることをよしとしません。再三言っている「ドレスとカジュアルのバランス」。大切なのは「いかにしてバランスをとるか」ということです。

**その4「俺は〜〜が似合わないんだよな」**

「お腹が出ているからスキニーがはけない、つらい」など身体的特徴でどうしても似合わない……というか、着ることができないものはある程度存在しますが、多くの人が根拠なしに言う「自分は〜〜が似合わない」は大体すべて勘違いです。多くの人が購入した服を家で着てみて「どうもしっくりこない」「店員さんと比べてなんか野暮ったい」「やっぱ俺には似合わない！」……と短絡的に結論付けてしまっていますが、バランスや着こなしを意識すれば、そうそう似合わないアイテムなんてありません。正しい着こなしを実践できていないため、サマにならないだけです。頭ごなしに「自分には似合わない」とするのではなく、まず着こなし法やバランスを考えて試行錯誤してみましょう。

**その5「デザインが入ったアイテムはオシャレ！」**

これは大学生など「ファッション初心者」にありがちな勘違い。ファッションに興味が出始めた人は、当然「オシャレ」に対して手探り状態です。手探り状態だと「とにかく今まで着ていたものと違うものを」とデザインものを求めがちです。裾を折り返すとチェック柄が出てくるもの。妙にワッペンや刺繍などがついているもの。初心者にありがちな勘違いです。「デザインが入ったものがオシャレ」なのであれば、それほど楽なことはありません。オシャレとは単品のデザイン性で決まるものではなく、全体のバランスで決まるものです。

ついつい感覚的に語られがちなファッションの世界ですが、**同じ人間が客観的に評価するものである以上、そこには法則があり、法則がある以上、合理的な正解が存在する**ものです。要するに「オシャレに見せる方法」は存在するのです。

Logic 5

# 究極のドレス、スーツについて語ります

## スーツはサイジングに死ぬほどこだわってください

「スーツ」。それは男の究極のドレスアイテムです。**ドレス100%だからこそ「キメすぎるくらいキメた状態」が好まれます**。カッコつけることこそが、スーツの正解なのです。「ドレスとカジュアルのバランス」で言えば「スーツスタイル」は「キメすぎた服装」のはずです。その「カッコつけるべきスーツ」に街着の要素のように「カジュアル感」「崩す」「ハズす」などを組み込んでしまうと、一気にスーツは陳腐になります。ことスーツに関しては、ミックスの概念は無用です。

そんな男のドレスともいえるスーツですが、これが街で見ていると……スーツを着ている人の大半は、「サイジング」が気になります。**大抵「スーツ姿がパッとしない人」はサイズでミスしています。**

スーツをカッコよく着る条件、完成度の高い盛装の条件とは、

**・シルエットは細くスラリと見せる**

**・シワは可能な限りつけない、ツヤは可能な限りつける**

この2つです。「シルエットをきれいに」「シワをつけない」からわかる通り、サイジングがスーツにおいては命です。ルーズなシルエットにしたり、裾にダボっとシワがついていたり……これではどんなにいいスーツを買ってもカッコよくは見えません。

「じゃあ具体的にどうすればいいんだよ？　スーツ買うとき何に気をつければいいんだ？」と思うでしょう。スーツを選ぶ際の重要ポイントは2点です。

それは「**着丈**」と「**裾**」です。まず「サイズを合わせる」なんて大前提は当たり前。スーツだけは一人で選ばず、必ず店員さんに聞きながらジャストサイズのもの

を選びましょう。さらに「裾」と「着丈」に注目してスーツを選んでください。なぜなら、**多くの人がスーツの「着丈」と「パンツの裾」が長すぎるから**です。

ルーズだとかシャープだとか、ゆるいとかスッキリとか、そういった「全体の印象」はいったいどこから来るのか。実はコーディネートには視線が留まりやすいポイントがあり、その部分が全体の印象を引っ張るのです。そう、本書でも何度も指摘してきました。人々の視線が集まるのは「先端」部分が主です。トップスならば袖、首元、着丈。パンツならば裾ですね。ここをすべてスッキリ見えるように調整してあげると、逆に肩幅や身幅が多少ゆるかったとしても、それなりにサマになるものなのです。

**きれいに細めにカッコよく見せたいなら意識的に「少し着丈が短いスーツ」を選んでください。**店員さんに「ちょっとだけ丈が短めのものがいいんです」と素直に相談すればいいでしょう。洋服の青山でもコナカでも量販系スーツブランドでも、着丈の短いモデルはちゃんと展開しています。着丈は長いとルーズに、短いとスッキリと感じるものです。

「細身のスーツ」「体型に合ったものを」なんてよく言われます。その言葉の印象で「肩幅や身幅をジャストに」と思いがちですが、実は肩幅や身幅よりも着丈のほうがずっと印象を左右するのです。着丈を短くするだけでもかなり印象をスッキリときれいに見せてくれます。

そして**もうひとつ着丈と同じく重要なのが「パンツの裾」**です。

これは感覚的にも理解できるでしょう。裾がくしゃくしゃとたまっているとルーズに見えますよね。**スーツのパンツの裾はわずかに靴下が見えるか見えないかぐらいでいいです。**劇的に印象が変わります。シワをつけないノークッションを意識するだけで体型が変わったような印象にもなるものです。

以上、スーツの秘技、毎日のようにスーツを着る人はぜひ参考にしてみてください。「高いスーツを買わなきゃオシャレになれないんだろ?」と思っている人こそぜひ。高いスーツなんて必要ありません。サイジングに気をつければ、ユニクロのスーツでもカッコよく見せることは可能です。

# おわりに

この書籍の想定は「おしゃれを学ぶ〝最初の一冊〟」。

まさにここからスタートラインに立つ人のための、これからおしゃれをしてみようと考える人のための、一つの指針となればと思い筆を執りました。可能な限り手に取りやすいブランドで、また可能な限り論理的にまとめてあります。

ここをきっかけに「なんだおしゃれってそんなに難しくないんだ」「高いものを買わなくてもそれなりにカッコよくなるんだな」「明日から雰囲気変えてみようかな」……そんな風に楽しんでもらえれば幸いです。

最後にひとつ、私からお願いです。

……どうか自分のためではなく「他人のために」洋服を着てみてください。

自己満足でおしゃれをする人を決して否定するわけではありませんが、多くの方が「他人にほめられたい」『カッコいいと思われたい」として洋服を着るでしょう。そういった客観的なおしゃれを目指すなら、どうか「他人のために」着こなしを考えてみてください。

「明日のデート、どんな服装をしたら彼女は喜んでくれるだろう？」
「子供の参観日、どんな着こなしをしたら〝うちのパパはカッコいい〟と思ってくれるだろう？」
「明日の営業、どんな服装だと相手に〝デキる男だ〟と思われるだろう？」

洋服を決めるとき、コーディネートをつくるとき、「今日会う相手」のことを少しだけ考えてみてください。「今日はこんな服装がしたい！」「せっかく買ったばかりだからコレをどうしても着たい！」。もちろんそんな風に思うときもあるでしょう。しかしながら服は相手に見せて、相手にほめられて、相手に認められて初めて「おしゃれ」となるものです。客観視が前提となる概念ですから、相手のためを考えてつくるのは当然のこと。自己満足ももちろん楽しいですが「他人のため」につくるコーディネートは「今日カッコいいね」「違う人かと思った」「素敵だね」……そんな風にほめられやすいものです。ほめられると自信がつき、よりファッションが楽しくなり正のスパイラルが生まれます。

また、私の目標は「日本の男性をおしゃれにすること」にあります。「洋服」の歴史が浅くファッション後進国である日本に、「おしゃれをする」という文化を根付かせたいと考えています。文化は人が繋ぎ、つくるものです。イギリスでは背広の着方は父親から教わるものだと聞きます。人と人で繋ぎ、受け継ぎ、昇華させた結果「文化」として根付きます。「他人のために」服を着ることで会話が生まれるでしょう。「おしゃれだね」「それどこの?」「カッコいいね」……そうして洋服に関する理解が拡散されていき、理解は文化として根付き始めます。他人の理解を伴わない自己満足的な着方ももちろんいいですが、「他人のために服を着る」ということがより多くの人に洋服の楽しさを伝えていけるものであり、ひいては文化に繋がることなのではないかと考えているのです。

明日は誰と会いますか？

その人はどんな服装だと喜んでくれるでしょう？

ご飯を食べに行くときは相手の食の好みを考えます。彼女と映画を見に行くときは鑑賞後の雰囲気がよくなるようにと考えます。洋服もそのように考えてみてください。きっと明日から着て行く服を選ぶのが楽しくなるはずです。

そしてそれは、決して高価なものでも特殊なものでもない「普通の服」でできることなのです。


最後に本書作成にあたり、ご尽力いただいた関係者の方々、私の大事な家族、愛すべきメルマガ読者様、そして本書を手にとっていただいたすべての方に心から感謝をいたします。本当にありがとうございます。またどこかでお会いできればと願っております。

MB

# Item Index

**MB**
**スキニー**
p22, p25, p26, p31, p104

**パドローネ**
**ダービープレーントゥシューズ**
p28, p30, p31, p42

**ユニクロ**
**イージースマートスタイルパンツ（ウールライク）**
p32, p35, p36, p46, p51, p63, p69, p70, p84, p107, p124, p125, p129, p140, p145, p168, p176

**ナイキ**
**テックフリースジョガーパンツ**
p38, p41, p42, p90

**ユニクロ**
**エクストラファインメリノクルーネックセーター**
p63, p66, p69, p70, p114, p129

**ユニクロ**
**ヒートテックタートルネックT**
p72, p75

**パドローネ**
**バックジップブーツ**
p76, p78, p79, p89, p107, p145

**ユニクロ**
**スウェットフルジップパーカ・スウェットプルパーカ**
p25, p56, p80, p83, p84, p107

**SOPHNET**
**ダウンベスト**
p56, p108, p111

**グラミチ**
**NNショーツ**
p112, p114, p117

**GU**
**エスパドリーユ**
p25, p51, p63, p114, p117, p118, p120, p121, p125, p149

**セントジェームス**
**ウェッソン（ボーダー）**
p78, p114, p122, p124, p125, p137

**レイジブルー**
**フラットフェルトハット**
p30, p142, p145

**ユニクロ**
**エクストラファインコットンブロードストライプシャツ**
p148, p149, p174

**ユニクロ**
**デニムジャケット**
p150, p151

**GU**
**ミラノリブクルーネックセーター**
p117, p152, p153

REPAIRING
NEATLY
DONE
DIAMOND LANE

**MB's website**

KnowerMag　http://www.neqwsnet-japan.info/

**Staff**

Photographer : Masaki Okado
Art direction&Design : Monet Terumoto (chanmone)
Editor : Shoko Takada
Direction : Naoko Shizawa (SHUEISHA)

※本書に掲載されているメーカー、ブランド、商品の情報、値段はすべて、2016年12月下旬現在のものです。

**MB**

ファッションバイヤー&ブロガー。プロバイヤーとして活動する傍ら、2012年12月にWEBサイト「現役メンズバイヤーが伝えるオシャレになる方法 KnowerMag」を開設。2014年よりメルマガ「最も早くオシャレになる方法　現役メンズバイヤーが伝える洋服の着こなし&コーディネート診断」を配信開始。同年「まぐまぐ大賞」を受賞。男のオシャレをロジカルに語れる新しい存在として絶大な支持を受ける。「日刊SPA!」「女子SPA!」「WebNewtype」などのウェブメディア、雑誌「週刊SPA!」にて連載中。著書『最速でおしゃれに見せる方法』(扶桑社)、『Men'sファッションバイヤーが教える「おしゃれの法則」』『Men'sファッションバイヤーが教える「普通の服」でおしゃれに見せる方法』(ともに宝島社)、コミック企画協力『服を着るならこんなふうに』(1〜3巻　角川書店)など執筆活動も精力的にこなす。

公式ウェブサイト「KnowerMag」http://www.neqwsnet-japan.info/

ほぼユニクロで男(おとこ)のオシャレはうまくいく
スタメン25着(ちゃく)で着(き)まわす毎日(まいにち)コーディネート塾(じゅく)

発行日　2017年2月8日　第1刷発行

著者　MB(エムビー)

発行者　茨木政彦

発行所　株式会社 集英社

〒101-8050　東京都千代田区一ツ橋2-5-10
編集部　☎03(3230)6141
読者係　☎03(3230)6080
販売部　☎03(3230)6393(書店専用)

印刷所　凸版印刷株式会社
製本所　ナショナル製本協同組合


ISBN 978-4-08-781618-1 C2076